우리의 일생은 하루를 닮게 마련이다. 인생은 하루의 점철이니 말이다. 많은 사람이 일상의 반복을 권태롭게 여기면서 짜릿한 자극을 구한다. 하지만 사람은 지속적인 짜릿함 속에서는 살 수 없다. 일견 새로울 것도 없는 일상의 시간이야말로 우리다움을 구성하는 핵심 요소다. 종교 체험은 비일상적 체험을 내포하지만, 종교적 삶은 일상 속에서 구현되어야 한다. 저자는 반복적이고 리듬이 느린 일상을 예배 안에서 살자고 말한다. "거대하고 모든 것을 아우르는 진리를 평범한 하루의 결에 대고 문지르는 법을 배워야만 한다"는 말은 얼마나 놀라운가. 좋은 신자는 특별한 계시와 깨달음을 추구하는 이들이 아니라 가정, 일터, 학교, 거리, 광장에 머물 때도 하늘의 뜻을 조회하며 사는 사람이다. 이 책은 비근한 일상 속에 깃든 하늘의 광채를 알아차리고, 질척거리는 일상 속에 그 빛을 끌어들이기 위해 검질기게 노력하는 사람이 되자고 독자들을 초대한다.

김기석 청파교회 목사, 『삶이 메시지다』 저자

영성 생활에 성공하기 위해서는 일상 생활에 성공해야 한다. 가장 사소해 보이는 일들을 예배처럼 섬기는 법을 배워야 한다. 귀찮은 일을 즐기는 법을 배워야 한다. 의미 없어 보이는 일에서 의미를 찾아야 한다. 영성 생활은 일상 생활에서 떠나려는 노력이 아니라 일상을 성화시키는 노력이다. 그런 점에서 이 책은 아주 소중하다. 귀찮고 권태롭고 무덤덤한 일상에 생명의 빛깔을 입혀 주기 때문이다. 일상을 축제로 살아가는 길을 독자와 함께 모색하고 있기 때문이다. 거듭 고개를 끄덕이며 읽게 되는 책이다.

김영봉 와싱톤사귐의교회 목사, 『사귐의 기도』 저자

일상의 경이로움은 두 종류의 사람들에게 포착된다. 첫째는 끔찍하고 무서운 비일상을 체험하고 난 뒤의 사람들, 그리고 둘째는 일상에 깃든 거룩을 매 순간 발견하는 사람들. 티시 해리슨 워런은 후자다. 아침에 깨어 평범한 하루를 살고 잠이 드는 순간까지의 일상을 거룩한 의례로 받아들이는 영성의 소유자다. 일과에 담긴 성례전적 의미가 잔잔하고 따뜻한 글쓰기 속에 잘 녹아 있다. 거룩하게 의례로 살아 낸 하루의 끝자락, 잠자리에 들며 육체의 한계와 쉼의 거룩성을 묵상하는 워런은 이 책을 통해 매일 깨져도 다시 샬롬을 향해 한 걸음씩 나아가는 '오늘'로 우리를 초대한다.

백소영 강남대학교 기독교학과 초빙교수, 『적당맘 재능맘』 저자

지루한 고역과 거룩한 현현 사이의 다른 점은 때로는 올바른 각도에서 보는 관점, 즉 심지어 평범한 것까지도 포함한 모든 것을 새로운 틀 안에서 바라보는 관점일 수 있다. 이 작고 위대한 책은 성령이 우리가 미처 생각하지 못한 방식으로 우리를 거룩하게 만드시는 성화의 장, 곧 일상을 비추는 특별한 빛이다. 워런이 보여 주듯, 우리는 하루라는 시간 동안 더 많은 것을 할 필요가 없다. 그 대신 매일의 삶을 예배의 연장이라는 새로운 틀로 바라보면, 옷을 개고 설거지를 하며 심지어 출퇴근하는 일조차 성령이 거하시는 곳이 될 것이다.

제임스 스미스 캘빈 칼리지 철학과 교수, 『하나님 나라를 욕망하라』 저자

큰 선물은 종종 작은 상자에서, 때로 심지어 포장조차 하지 않은 평범한 상자에서 나온다. 워런은 하나님이 우리 주변 여기저기 놓아 두신 이러한 선물을 드러내는 재주를 지녔다.

마이클 호튼 캘리포니아 웨스트민스터 신학교 교수, 『오디너리』 저자

일요일의 예전은 기도와 노래와 성경과 설교의 어우러짐으로 우리의 신앙을 형성한다. 우리는 이러한 실천을 통해 하나님의 음성을 듣고 하나님에 의해 형성된다. 티시 해리슨 워런의 통찰력 있는 시선 안에서는, 겉으로 볼 때 '지루한' 우리의 반복적 일상이 그 자체로 우리를 고백과 공동체, 성경과 안식, 세례와 체현으로 부르는 예전이 된다. 기도하면서 하나님의 초대 메시지를 듣는 영적 지도자들이 있다. 티시는 일상 안에서 하나님의 초대를 분별한다. 하나님은 우리가 처한 모든 상황 안에서 우리에게 말씀하시고, 우리를 초대하시고, 우리를 변화시키고자 하신다는 점을 일깨워 주는 것이다. 티시의 도움으로 우리는 하나님이 일요일의 한 시간 반 안에 갇혀 계시지 않다는 실재를 대면한다. 그녀는 교회들에 꼭 필요한 선지자이며 목회자다. 적어도 어찌할 바 모르는 이 직장인 아빠에게는 그녀의 목소리가 필요하다. 나는 새롭게 발견한 기대와 소망으로 매일 반복되는 집안일, 그리고 아내와 아이들과 함께하는 가정생활에 다가서고 있다.

그레고리 자오 미국 IVF 부대표

『오늘이라는 예배』는 비전의 세례식이다. 티시 해리슨 워런은 따뜻하고 지혜롭게 우리로 하여금 가장 낯선 장소에서, 곧 싱크대 앞에 서 있을 때, 교통 정체 속에서 기다릴 때, 침대 정리를 위해 몸을 구부릴 때 그곳에서 하나님을 발견하는 것을 도와준다. 이 책이 보여 주듯 우리가 일상에서 보이는 습관들은 그리스도 안에서 새로운 사람들이 될 수 있는 거룩한 가능성으로 채워져 있다.

젠 폴록 미셸 *Teach Us to Want* 저자

하나님의 생명과 나라는 사방으로 우리를 둘러싸고 있다. 그러나 우리는 어떻게 이 실재를 발견하고, 마치 가지가 포도나무에서 나오듯 하나님의 생명으로부터 우리의 생명을 이끌어낼 수 있는가? 『오늘이라는 예배』에서 티시 해리슨 워런은 우리의 평범한 삶 안의 작은 것들과 예전의 리듬에서 단순하고 현실에 기반을 두며 아름답게 반복되는 실천들을 드러낸다. 티시는 무언가를 안다. 그녀가 당신의 안내자가 되게 한다면, 당신 역시 알게 될 것이다. 일상 중에 하나님 안에 거하며 사는 법을.

토드 헌터 북아메리카 성공회 주교, *Giving Church Another Chance* 저자

티시 해리슨 워런은 지혜로운 만큼 겸손하고 매력적인 이 책에서, 모양 잡히고 성숙한…것이 어떤 모습인지를 우리에게 보여 준다. 나는 교회력에 따라 살 것을 권하는 책 중 이보다 매력적인 책을 본 적이 없다.

웨슬리 힐 펜실베이니아 앰브리지 트리니티 목회연구원 성서학 조교수

티시 해리슨 워런은 사제이면서 똥 묻은 기저귀를 가는 엄마다. 그녀는 교회의 높은 부르심과 가정의 높은 부르심을 구현하는 한편, 이중 소명 안에서 너무도 중요한 책을 썼다.…티시는 솔직함과 통찰력과 지성을 가지고 매일의 삶의 거룩함에 대해 쓴다. 내가 할 수 있는 최고의 칭찬은, 그녀의 책이 새로워진 목적의식을 가지고 나의 더러운 싱크대와 소리 지르는 내 아이들에게로 돌아가도록 나를 고쳐시켜 주었다는 점이다.

안드레아 팰펀트 딜리 「크리스채너티 투데이」 편집위원

정신없이 바쁘게 돌아가고 파편화된 우리 시대에 기독교가 여전히 증인의 역할을 할 수 있다면, 이는 생각과 감정뿐 아니라 일상의 삶과 심지어 그리스도를 주님으로 고백하는 이들의 몸 안에 뿌리를 두고 있어야 한다. 티시 해리슨 워런은 어떻게 매일 매시간이 은혜와 갱신의 기회가 될 수 있는지 보여 주면서, 우리가 지닌 신앙의 개념과 교리를 일상의 순간 안으로 아름답게 '육화'시킨다. 난장판인 부엌과 끝내지 못한 원고와 남편과의 실랑이와 어질러 놓은 침대 한가운데서 신앙이 어떤 의미인지 알기 원하는가? 그렇다면 이 책 『오늘이라는 예배』가 어느 곳에서나 거룩한 아름다움을 볼 수 있도록 당신의 눈을 훈련시켜 줄 것이다.

케이틀린 비티 「크리스채너티 투데이」 전 편집장

많은 사람이 복잡하고 피상적이라고 느끼는 문화 속에 사는 지금, 티시 해리슨 워런은 아름다우면서도 생명을 주는 서사를 제공한다. 바로 일상의 거룩함을 향한 길이다. 이 책의 단순함은 부드럽고, 그 지혜는 풍성하다. 십 년 전에 이 책을 읽었다면 얼마나 좋았을까?

마이카 보예트 *Found* 저자

이 아름다운 책은 당신의 거무죽죽한 일상에서 먼지를 털어 내고 평범한 것에서 발견되어야 할 특별한 것을 드러내 줄 것이다. 일단 이 책이, 당신의 손으로 하는 일이 어떻게 창조주의 길과 영원의 리듬을 반영하는지 볼 수 있도록 당신의 눈을 열어 놓으면 그 어떤 평범하고 일상적인 일도 예전과 같지 않을 것이다.

캐런 스왈로 프라이어 *Booked, Fierce Convictions* 저자

오늘이라는 예배

IVP(InterVarsity Press)는
캠퍼스와 세상 속의 하나님 나라 운동을 지향하는
IVF(InterVarsity Christian Fellowship)의 출판부로
생각하는 그리스도인을 위한 문서 운동을 실천합니다.

Originally published by InterVarsity Press
as *The Liturgy of the Ordinary* by Tish Harrison Warren
ⓒ 2016 by Lutitia Harrison Warren
Translated and printed by permission of InterVarsity Press,
P.O. Box 1400, Downers Grove, IL 60515, USA. www.ivpress.com

This Korean Edition ⓒ 2019 by Korea InterVarsity Press
156-10 Donggyo-Ro, Mapo-Gu, Seoul 04031, Republic of Korea.

오늘이라는 예배

사소한 하루는
어떻게 거룩한 예전이 되는가

티시 해리슨 워런
백지윤 옮김

Ivp

조너선에게

내 사랑, 내 친구 — 오늘 하루는 어땠나요?

차례

서문 _ 앤디 크라우치 • 15

01 잠에서 깸
세례, 사랑받는 자로 사는 법 배우기 • 20

02 침대 정리
예전, 의례, 삶을 형성하는 것 • 36

03 이 닦기
일어서고 무릎 꿇고 고개 숙이기, 육체 안에서 살기 • 56

04 열쇠 분실
고백과 우리 자신에 대한 진실 • 76

05 남은 음식 먹기
말씀과 성례전, 간과된 영양 공급 • 92

06 남편과의 다툼
평화의 인사 건네기, 평화를 이루는 일상의 일 • 112

07 이메일 확인
축복하기, 보내기 • 134

08 교통 체증 버티기
예전의 시간과 서두르지 않으시는 하나님 • 156

09 친구와 통화하기
회중과 공동체 • 176

10 차 마시기
성소, 음미하기 • 196

11 잠
안식과 쉼 그리고 하나님의 일 • 216

감사의 글 • 237
토론을 위한 질문과 실천 제안 • 243   주 • 265

일러두기
본문에 나오는 성경은 새번역성경을 사용하였고 일부 다른 버전일 경우 따로
표시했습니다.

서문

이 책의 구조는 단순하지만 그 안에는 천재적 감각이 스며 있다.

아침에 잠에서 깨는 첫 순간을 담은 첫 페이지부터 잠에 드는 마지막 페이지까지 이 책은 하루를 아우른다. 더도 덜도 아닌 단 하루다. 그러나 그 중간에서, 티시 해리슨 워런은 속도를 늦추고 가장 뛰어난 종류의 주의를 기울일 줄 아는 작가(이자 사실은 시인)의 타고난 재능을 발휘해 평범한 하루의 순간들을 고전적인 기독교 예배의 특별한 패턴과 연결시킨다.

이를 통해 저자는 가장 고질적인 이단적 생각, 곧 우리 삶 중에 세속적인 어떤 부분이 있어서 그것은 예배와 기도라는 진짜 거룩한 일과는 관계가 없고 영향도 받지 않는다는 생각을 해체시킨다. 인간의 조건에 대한 이 그릇된 이해는 인간의 아들이자 하나님의 아들로서 예수님이 살다 가신 세속적인 땅에서의 삶으로 결정적 타격을 입었음에도 불구하고, 수 세기에 걸쳐 다양한 형태로 지속되어 왔다. 이는 우리 시대에도 다양한 형태를 띠는데, 어떤 것은 좀더 알아보기가 쉽다. 예컨대 우리는 직장이나 집보다는 예배당이 하나님께 더 중요하고, (저자처럼) 목회 사역을 위해 특별히 안수받은 사람들이 편의점이나 사무실 단지에서 일하는 사람들보다 하나님과 더 가깝다고 말하는 경향이 있다.

그런가 하면 '급진적'이라고 할 수 있는 삶, 곧 눈에 띄는 희생과 섬김의 삶을 추구하는 좀더 미묘한 흐름도 있다. 이 역시, 일상적이고 (그렇기에) 중요하지 않은 삶 이상의 무언가를 위해 분명하게 구별된 것처럼 보이는 삶을 추구한다. 오래된 오류라고 할 수 있는 이 견해에 따르면 비영리 업무가 영리를 추구하는 업무보다 영적이고, 도심 지역이 교외 주거 지역보다 영적이고, 자전거가 미니밴보다 영적이다.

안수받은 사제이자 물질적·영적으로 가난한 이들을 섬기는 급진적 삶에 투신해 온 티시는 이러한 성과 속의 구분이 얼마나 잘못되었는지 볼 수 있도록 우리를 도와줄 완벽한 사람이다. 모든 이단과 마찬가지로 이러한 이단 역시 정통 신앙의 아름다움으로만 타파될 수 있다. 우리의 모든 어리석은 세속화를 넘어뜨리는 아름다운 정통 신앙은 바로 끝없이 놀라운 기독교 교리인 성육신이다. 말씀이 육신이 되셨다. 말씀이 고기를 잡으러 가셨다. 말씀이 주무셨다. 말씀이 입 냄새를 풍기며 잠에서 깨셨다. 말씀이 이를 닦으셨다. 아니, 적어도 만약 말씀이 1세기 유대인이 아니라 21세기 미국인이었다면 그러셨을 것이다. 독특한 기독교의 이 믿음은 경이롭고 기절할 만큼 무시무시하며 삶을 바꾸어 놓는다.

또한 놀랍게도 이 책의 천재성은 해체가 다른 방향으로도 이루어진다는 사실을 보여 준다. 저자가 들려주는 이야기와 모든 정직한 그리스도인의 경험에 비추어 보면, 거룩한 예전은 대부분의 다른 시간처럼 평범하다. 우리는 동일한 기도를 하고, 동일한 몸짓을 하고, 지난 일요일과 똑같은 사람들로서 왔다가 가고, 다음 일요일 역시 마찬가지일 것이다. (이는 물론 비예전적 교회에서 예배를 드리는 그리스도인들에게도 똑같다!)

단순히 세속적인 것 안에 성스러운 것이 가득하다는 말이 아니다. 예배 자체는 일상적인 것들로 이루어진다. 우리는 평범한 단어를 사용한다. 크랜머(Cranmer)의 『성공회 기도서』(*Book of Common Prayer*)에 쓰인 가장 영광스러운 어휘 중 일부는 글쎄, 당신을 눈물 흘리게 할 만큼 충분히 쉽고 평범하다.

"우리는 해야 할 일을 하지 않은 채 남겨 두었고, 하지 말아야 할 일을 했습니다. 그리하여 우리 안에는 건강함이 없습니다." 우리는 평범한 물로 세례를 받는다. 우리는 평범한 빵과 포도주를 사용한다. 이 모든 것은 평범한 사람들을 통해 드려진다.

그러나 이 모든 것은 평범한 것과 거리가 멀다. 우리의 몸, 우리의 즐거움, 우리의 두려움, 우리의 피로, 우리의 우정, 우리의 다툼. 사실 이러한 것들은 우리가 원래 되어야 했고 장차 될 존재, 연약하지만 무한한 품위를 지닌 존재로 우리를 형성하고 변화시키는 재료다. 떨 듯이 기쁜 순간과 하품을 꾹 참는 순간 모두는 어떤 식으로든 함께 어우러지며, 우리가 일요일뿐 아니라 하루하루 하나님께 올려드려야 할 삶 전체의 일부다. 이것은 하나님이 자신의 삶으로 껴안으신 바로 그 삶이며, 그리스도가 직접 맡아서 구하고 구속하신 삶이다.

이 책은 큰 소리로 웃음을 터트리게 만드는 순간과 불완전하지만 잘 살아 낸 감동적인 삶의 이야기를 담고 있는 훌륭한 선물이다. 한편으로는 평범하지만 또한 전혀 평범하지 않다. 한번 읽어 보라. 맛보라. 빵과 포도주뿐 아니라 땅콩버터와 젤리도 맛보라. 주님은 선하시다. 우리 삶의 모든 조각, 일분일초가 모두 그분의 것이다.

앤디 크라우치

✴ ✴

삶은 빛나는 행동이나 우아한 즐거움의 연속으로 이루어지지 않음을 기억하라. 우리의 시간 중 아주 많은 부분은 필요를 따르고, 매일의 의무를 행하고, 작은 불편을 없애고, 사소한 즐거움을 구하면서 지나간다.

존슨 박사

일상성은 우리를 큰 절망으로 데려갈 수도 있지만, 또한 일상성은 우리의 구원의 중심에 놓여 있기도 하다. 이는 평범한 신비다.…우리는 삶에 의미가 있기를 원하고, 성취와 치유, 심지어 황홀경을 원한다. 그러나 우리가 있는 곳에서 시작함으로써 이러한 것들을 발견한다는 것이 인간의 역설이다.…우리는 예상 밖의 일상적 장소에서 오는 축복을 구해야 한다.

캐슬린 노리스

우리는 하나님을 사랑하기에 행하는 작은 일들에 대해 낙망해서는 안 되며, 하나님은 일의 위대함이 아닌 그 일을 행할 때 따라오는 사랑에 관심을 가지신다는 것. 처음 시작할 때 노력했음에도 종종 실패한다고 해서 이상하게 여겨서는 안 된다는 것. 결국 우리는 우리가 신경 쓰지 않아도 자연스럽게 우리 안에 그 행동을 불러일으킬. 그리고 우리에게 넘치는 큰 기쁨을 가져다 줄 습관을 가지게 될 것이라는 것.

로렌스 형제

✴ ✴

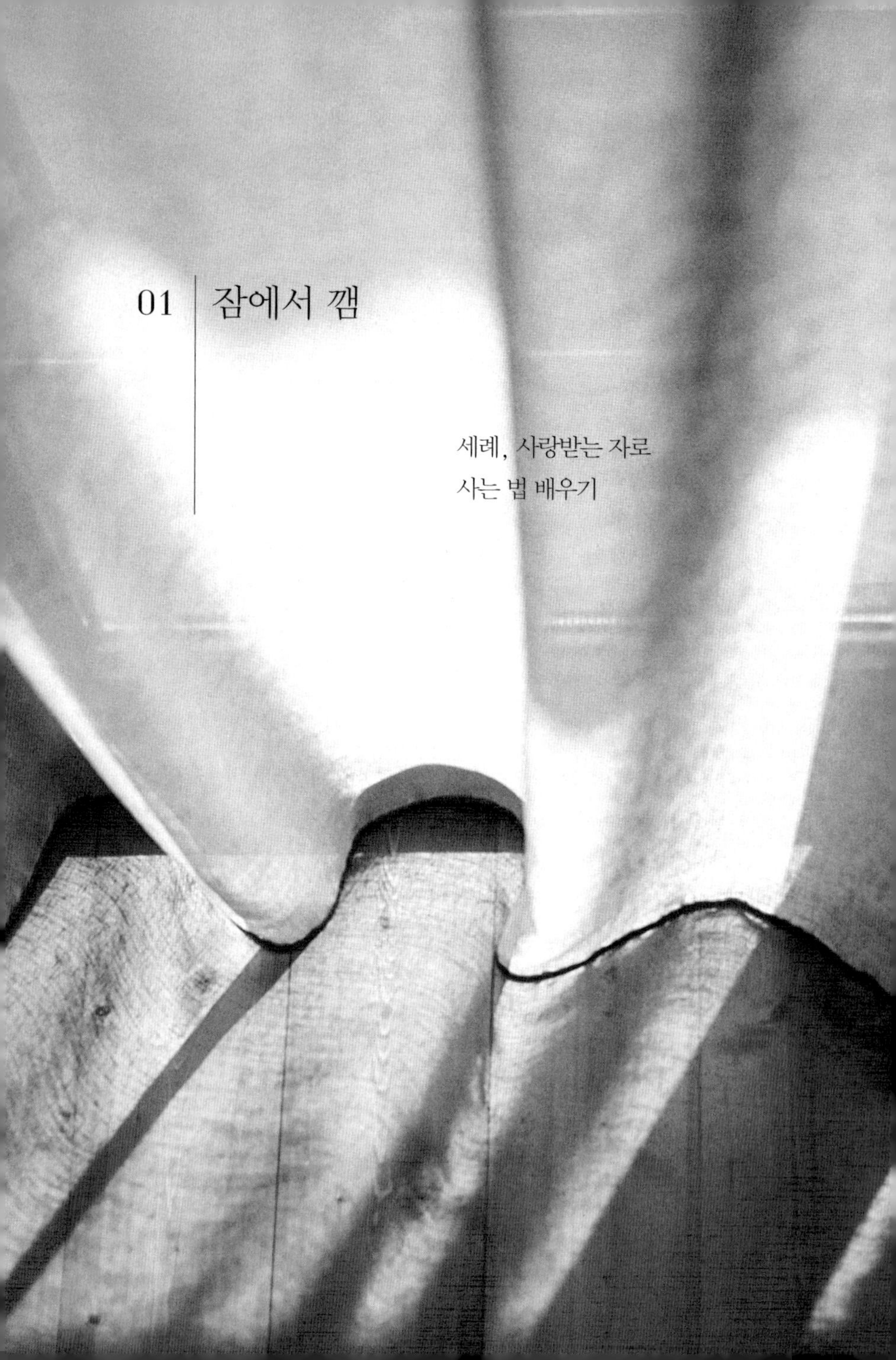

01 | 잠에서 깸

세례, 사랑받는 자로
사는 법 배우기

천천히 잠에서 깬다. 아이들이 뾰족한 팔꿈치로 내 몸을 타고 오르거나, 알람이 요란하게 울려 대면, 하루는 빨리 일어나라고 나를 재촉한다. 하지만 나는 처음 몇 초는 가만히 누워 있는다. 멍하고, 적응 중이며, 생각은 느리다. 그 후 서서히 그날의 계획과 목표가 밝아 온다. 그러나 임무를 시작하기 전, 나의 경기를 시작하기 전에 게슴츠레한 눈으로 잠에서 깨어나는 부드러운 처음 몇 초 동안, 나는 가장 근원적 자아의 상태에서 내가 누구인지에 관한 진리와 다시 한번 인사를 나눈다.

어린아이든 한 나라의 수장이든 그 순간만큼 우리 모두는 잠옷 바람에 머리는 헝클어져 있고 냄새나는 입으로 하품을 하고 비생산적이고 그날을 향해 더듬더듬 기어간다. 곧 우리는 엄마로서, 직장인으로서, 학생으로서, 친구로서, 시민으로서 우리의 정체성을 입을 것이다. 보수적이거나 진보적인 사람으로서, 부유하거나 가난한 사람으로서, 열성적이거나 냉소적인 사람으로서, 장난을 좋아하거나 심각한 사람으로서 오늘을 살아갈 것이다. 그러나 잠에서 깨는 그 순간만큼은 우리 모두 그저 인간일 뿐이다. 특별할 것도 없는 무방비 상태로 새롭게 태어난 인간. 동공이 빛에 적응하느라 눈을 깜박이고 뇌는 천천히 의식 세계로 들어간다.

나는 항상 침대에 조금만 더 누워 있고 싶다. 나의 몸은 자고 싶다고 욕심을 부린다. "딱 몇 분만 더!"

그러나 더 자고 싶다는 욕심만 부리는 게 아니다. 나를 기다리는 요구사항에 신경을 곤두세우지 않은 채 안락함을 누리는 중간 영역, 의식의 경계에 머물고 싶은 것이다. 나의 오늘에 놓여 있을 크고 작은 골칫거리와 마주하고 싶지 않다. 아직은 나의 정체성을 입고 싶지 않다. 엄마 배 속 같은 이불 안에 조금만 더 그대로 있고 싶다.

* * *

예수님의 세례식에서 아버지가 "이는 내 사랑하는 아들이요, 내 기뻐하는 자라"고 선언하실 때, 아직 예수님은 많은 사람에게 특별히 인상적으로 보일 만한 일을 하지 않으셨다는 사실은 주목할 만하다. 그분은 아직 누구를 치료하지도, 광야에서 사탄에 맞서지도 않으셨다. 십자가에 못 박히거나 부활하지도 않으셨다. 무언가 엄청나고 영광스러운 일 뒤에 아버지의 자랑스러운 공표가 따라왔다면, 즉 군중을 먹이신 뒤의 환희의 순간이었거나 나사로를 일으키신 뒤의 엄청난 계시였다면 훨씬 그럴듯했을 것이다.

그러나 예수님의 출생과 소년기에 관한 짧은 이야기를 들은 뒤 우리는 곧바로 요단 강가에서 성인이 된 그분을 만난다. 햇빛에 눈을 찡그리고 발가락 사이에는 모래가 가득 낀 채 서 있는 무리 중 한 명으로.

경배와 영광과 팡파르에 합당하신 분이 무명으로 평범하게 수십 년을 보내셨다. 성육신의 파격으로도 모자라, 육신의 그 하나님은 일하러 가고 졸려 하고 보통의 사람들 사이에서 평범한 삶을 사는 한 남자로 조용히 일상을 살아오셨다.

예수님은 젖고 헝클어진 머리를 한 평범한 인간으로 물에서 올라오신다. 그때 갑자기 성령이 나타나고, 우주의 심오한 신비가 사방에 울려 퍼진다. 이 사람은 하나님의 아들, 아버지가 사랑하고 기뻐하는 아들이다.

예수님은 먼저 광야로, 그다음 공적 사역으로 보냄을 받으신다. 그러나 아버지가 그분을 사랑하신다는 선언과 함께 보냄을 받으셨다.

예수님은 영원에서 영원까지 아버지께 사랑받는다. 그분의 모든 행동은 사랑받는 자라는 그분의 정체성에서 펼쳐져 나왔다. 그분은 아버지께 인정받기 위해 다른 사람을 사랑하고 치료하고 말씀을 전하고 가르치고 꾸짖고 구속하지 않으셨다. 그분의 모든 행동은 아버지의 사랑 안에 뿌리내린 그분의 확신에서 나왔다.

* * *

세례는 교회가 우리에게 주는 첫 번째 은혜의 말씀이다.

내가 속한 성공회 전통에서는 유아세례를 행한다. 아이들이 그리스도의 이야기를 스스로 이해할 수 있기 전, 사도신경을 고백할 수 있기 전, 혼자 앉거나 화장실에 가거나 교회에서 봉사할 수 있기 전, 은혜의 말씀이 아이들 위에 주어지고 아이들은 우리의 일부로 받아들여진다. 자신을 증명할 어떤 수단도 갖기 전에 그들은 하나님의 백성으로 인정받는다.

내 딸들이 세례를 받았을 때 우리는 컵케이크와 샴페인으로 거창하게 축하 파티를 했다. 우리는 공동체와 함께, 세례를 받은 딸들에게 "예수 사랑하심은"을 불러 주었다. 그것은 일종의 선포였다. 네가 알기도 전에, 의심하기도 전에, 고백하기도 전에, 네 스스로 이 노래를 부를 수 있기도 전에 너는 하나님께 사랑받고 있단다. 너의 노력 때문이 아니라 그리스도가 너를 위해 행하신 일 때문이지. 우리는 연약하지만 그분은 강하시단다.

예전을 행하는 많은 교회에서는 예배당 뒤쪽에 세례반을 놓아둔다. 사람들은 예배하러 교회에 들어오면서 그 옆을 지나간다. 이것은 세례가 하나님의 백성이 되는 출발점이라는 상징이다. 이를 통해 예배를 시작하기 전, 심지어 교회에 와서 앉기도

전에 이미 우리는 오직 은혜로만 예수님께 속한 사람들로 구별되었고, 하나님과 우리를 앞서 간 신자들에게서 선물로 받은 좋은 소식 안으로 끌어 올려졌음을 깨닫는다.

예배당에 들어오는 사람들은 세례반을 지나갈 때 거기에 손가락을 살짝 담근 뒤 성호를 긋는다. 그들에게 이것은 기억의 행위다. 자신이 받은 세례를 기억하고, 자신이 사랑받고 있으며, 예수님이 행하신 일 덕분에 받아들여졌음을 기억하는 것이다. 큰딸이 잘 걷지 못할 만큼 아주 어렸을 때, 나는 예배당 입구에 있는 세례반 위로 그 아이를 안아 올려 물을 만질 수 있게 해 주곤 했다. 나는 이렇게 속삭였다. "너의 세례를 기억하렴." 예전이나 성례전 신학이라는 말은 몰랐지만 세례반의 딱딱한 대야, 손끝에 느껴지는 차가운 물의 본능적 경험은 그 아이가 예배로 들어가는 입구였다.

루터교 신학자 마틴 마티(Martin Marty)에 따르면, 루터교 교인들은 그들이 받은 세례의 징표로서 성호를 긋는 것으로 하루를 시작하도록 배운다.[1] 도로시 바스(Dorothy Bass)는 이 실천을 이렇게 설명한다. "모든 그리스도인에게 세례는 어제의 죄에서 해방되었음과 내일의 약속을 보증받았음을 상징한다. 즉, 물 아래로 내려감으로써 옛 자아는 그리스도의 죽음 안에서 장사 지낸 바 되었고, 물에서 올라옴으로써 새롭게 된 자아는 부활하신 그리스도께 동참한다." 마르틴 루터(Martin Luther)는 공동체의 각 성도에게 세례를 "항상 입어야 할 매일의 의복으로" 여기라고 가르쳤다.²

우리는 예배당에 들어가듯 우리의 세례를 기억함으로써 매일의 새로운 하루로 들어간다. 마티 자신도 매일 아침 성호를 긋는다. 그는 이것을 "말 없는 기도"라고 부른다. 그는 이전에 일어난 모든 일에 대해 용서받았음을, 그리고 앞으로 일어날 모든 것을 덮고도 남을 은혜가 있음을 다시 한번 기억한다.³

나는 여섯 살 때쯤 텍사스 작은 마을의 조그마한 침례교 교회에서 세례를 받았다. 많은 것은 기억나지 않는다. 기억하는, 적어도 기억한다고 생각하는 것은 내가 입고 있던 긴 예복이 따뜻한 물속에서 부풀어 오르는 이상했던 느낌 정도다. 이후에 따라온 어른들의 포옹과 관심이 즐거웠고 이제 교회에서 포도주스를 마실 수 있다는 사실에 짜릿했다. 오래된 앨범에서 보았던, 첨탑이 있는 낮은 벽돌 건물 앞에서 조그만 내가 젖은 머리로 햇빛에 실눈을 뜨고 미소를 짓고 있는 사진도 기억난다.

그렇지만 내가 말하는 '우리의 세례를 기억함'이란 우리 인생에 일어난 어떤 역사적 사건의 세부 사항을 문자적으로 다 회상할 수 있어야 한다는 의미가 아니다. 개인적으로 나도 그렇게 하지 못한다. 그 대신, 나는 그 일요일 아침 내가 '아버지

> 잠에서 깨어나는 첫 순간부터 우리는
> 우리에게 은혜로 주어진 정체성으로 구별된다.
> 그것은 그날 우리가 입게 될 다른 어떤 정체성보다
> 더 깊고 더 실제적인 우리의 정체성이다.

와 아들과 성령의 이름으로' 물속에 들어감으로써 구별되었다는 것을 기억한다. 성공회 세례 의식에서는 새로 세례를 받은 신자에게 그들은 "세례에서 성령으로 인침을 받았고 영원히 그리스도의 소유로 구별되었다"고 말해 준다. 갈라디아서는 세례를 받은 우리가 그리스도를 옷으로 입은 사람들이라고 말한다(갈 3:27). 아버지가 기뻐하시는 그분의 사랑하시는 아들을 옷으로 입은 사람들이라는 것이다. 좀더 으스스한 바울의 심상을 사용하자면, 고작 여섯 살이던 나는 그날 죽었고 장사되었으며 그런 뒤 우주의 모든 섭리를 역전시키고 그리스도와 함께 새로 태어났다(롬 6:3-5).

그리스도인인 우리는 매일 아침 세례받은 자들로서 잠에서 깬다. 우리는 그리스도와 연합되었으며, 아버지의 인정하심이 우리 위에 선포된다. 잠에서 깨는 첫 순간부터 우리는 우리에게 은혜로 주어진 정체성으로 구별된다. 그것은 그날 우리가 입게 될 다른 어떤 정체성보다 더 깊고 더 실제적인 우리의 정체성이다.

세례반에 담겼던 젖은 손가락은 내가 예전에서 행하는 모든 것, 곧 모든 고백, 찬양, 무릎 꿇음, 평화의 인사, 한눈팔기, 지루해하기, 황홀경, 헌신이 하나님의 행하심과 그분이 시작하신 일에 대한 반응임을 일깨워 준다. 그리고 요리, 정체된 도로에서 기다리기, 이메일 확인, 임무 수행, 노동, 휴식이라는 일상의 예전을 시작하기 전, 우리는 사랑받는 자로서 하루를 시작한다. 우리의 일과 예배는 무언가를 얻기 위한 것이 아니다. 그 대신, 그 모든 것은 나를 위한 하나님의 사랑과 선물과 행하심에서 흘러나온다. 나의 능력, 결혼 여부, 정치 성향, 성공이나 실패, 유명한지 아닌지 여부가 나를 정의할 수 없다. 성령으로 인치심을 받고 그리스도 안에 감춰졌으며 아버지의 사랑을 받는 자라는 정체성이, 곧 내가 누구인지 먼저 보여 준다. 나의 벌거벗은 자아는 세례받은 자로서의 그것이다.

이 실재는 나의 영혼에서 순식간에 빠져나간다. 일상은 분주하고 조급하며 산만한 가운데 지나가 버리기 쉽다. 나는 스스로 축복받은 존재가 되기 위해, 스스로 사랑받는 존재가 되기 위해 일한다. 그러나 매일 아침 처음으로 맞이하는 그 부드러운 순간에는 그저 하나님께 사랑받는, 냄새나고 졸린 존재로서 다시 한번 은혜와 생명과 믿음을 선물로 받는다. 은혜는 신비이며 즐거운 우주적 스캔들이다.

  이 책에서 나는 실천들, 즉 우리가 어떻게 하루를 보내며 어떻게 공동의 예배를 드리는지에 관해 살펴볼 것이다. 그러나 이 여정을 시작하기 전 우리는 한 가지 사실을 알아야 한다. 의식과 습관이 우리를 예수님의 사랑과 새 생명으로 구별된 대안적 사람들로 만들 수는 있어도, 우리를 사랑받는 자로 만들 수는 없다. 우리 삶의 모든 실천 밑에 깔린 실재는 삼위일체 하나님과 그분의 이야기, 자비, 풍요로움, 관대함, 주도권, 기쁨이다.

* * *

이 아침, 나는 일상 가운데 (천천히) 깨어난다. 3월 중순의 쌀쌀한 아침이다. 오늘 내 앞에 무엇이 놓여 있는지 나는 모른다. 하지만 나는 내가 사는 집, 내가 아는 침대에서, 평범하고도 특별한 일상 가운데 눈을 뜬다.

  시편 기자는 "이날은 주님이 구별해 주신 날"이라고 선포한다. 이날. 우리는 저 멀리 계신 하나님에게서 오는 모호하고 일반적인 자비를 향해 깨어나는 것이 아니다. 하나님은 기쁨과 지혜 가운데서 평범한 하루를 구별하시고 '이날'이라고 부르시며 축복하셨다. 연약한 내가 수많은 날들 중 어떤 단조로운 하루라고 생각하는 날을, 하나님은 단 하나의 특별한 선물로 주셨다.

예수님이 자신의 백성을 위해 죽으셨을 때, 그분은 이 구체적인 하루를 살아가는 나를, 내 이름을 알고 계셨다. 그리스도는 나의 삶을 이론적이거나 추상적으로, 즉 내가 살고 싶어 하는 삶 혹은 내가 살아야 한다고 생각하는 이상적인 삶을 구속하시지 않았다. 그분은 있는 그대로의 모습으로 오늘을 살고 있을 나를 아셨고, 구체적인 아름다움과 깨어짐을 간직한 관계들 그리고 구체적인 죄와 어려움을 아셨다.

달라스 윌라드(Dallas Willard)는 『하나님의 모략』(The Divine Conspiracy)에서 이렇게 상기시킨다. "실제로 변화가 일어나는 [곳은] 우리가 하나님 그리고 이웃과 함께 거하는 실제 삶 속이다. … 첫째로, 우리는 우리가 지속적으로 처한 환경을 하나님 나라와 축복의 장소로 인정해야 한다. 하나님은 누군가를 축복하실 때 그들이 실제로 있는 장소를 제외하시는 법이 없다."[4]

세례를 통해 받은 새로운 생명은 매일, 매시간, 매분마다 삶으로 살아져야 한다. 하나님은 우리를 새로운 사람으로 빚어내고 계신다. 그리고 이러한 빚어냄의 장소는 오늘의 작은 순간들이다.

앨프리드 히치콕(Alfred Hitchcock)은 영화란 "지루한 장면들을 잘라 낸 인생"이라고 말했다.[5] 추격전, 첫 키스, 흥미로운 줄거리, 훌륭한 대화 같은 것들을 보고 싶어 하지, 주인공이 산책

> 하나님은 우리를 새로운 사람으로 빚어내고 계신다.
> 그리고 이러한 빚어냄의 장소는 오늘의 작은 순간들이다.

을 하거나 교통 정체에 묶여 있거나 이를 닦는 모습을 보고 싶어 하는 사람은 없다. 적어도 너무 오래 혹은 좋은 배경 음악 없이는 보고 싶지 않다.

우리는 지루한 장면들을 잘라 낸 그리스도인의 삶을 원하는 경향이 있다.

그러나 하나님은 우리가 쉬고, 일하고, 놀고, 우리의 몸과 가족, 이웃, 집을 돌보며 하루하루를 살아가도록 만드셨다. 이 모든 지루한 부분들을 하나님은 중요하게 생각하신다면? 작고 하찮게 느껴지는 하루하루가 중요한 의미를 지니고 있으며 하나님이 우리를 위해 준비하신 풍성한 삶의 일부라면?

* * *

그리스도가 평범하게 보내신 수십 년은 우리의 구속 이야기의 일부다. 성육신과 예수님의 인생에서 기록조차 되지 않은 그 긴 시간 때문에 우리의 작고 평범한 인생은 의미를 얻는다. 그리스도가 목수셨다면, 그리스도 안에 있는 우리 모두는 우리의 노동이 존엄하고 거룩하다는 사실을 발견한다. 그리스도가 무명으로 시간을 보내셨다면, 무명으로 살아가는 삶 안에는 무한한 가치가 담긴다. 그리스도가 생애 대부분의 시간을 평범하게 보내셨다면, 인생의 모든 부분은 그분의 주권 아래 놓인다. 하나님의 영광과 가치를 반영하는 일에 너무 작거나 너무 일상적인 임무는 없다.

인도 콜카타의 지극히 가난한 사람들 곁으로 간 선교사 친구가 있다. 그는 그런 낯설고 도전적인 장소에서조차 삶이 얼마나 일상적인지를 보고 놀랐다고 말했다. 해외 선교를 가겠다는 그의 결정은 용감하고 대담하게 느껴졌지만, 정작 그 자신은 세계 어디서든 하루의 많은 시간을 그저 사람들과 함께 앉아 있고, 업무를 보고, 집안일을 하며, 자신의 몸을 돌보고, 이웃을 알아 가고, 사람들을 사랑하려고 애쓰면서 때로는 성공하고 때로는 실패하면서 살아간다는 깨달음에 충격을 받았다. 마더 테레사(Mother Teresa)에게나 가정주부에게나 하루는 24시간이다. 우리에게는 몸이 있다. 우리의 체력은 고갈된다. 우리는 천천히 배운다. 우리는 매일 잠에서 깨며, 앞에 무엇이 놓여 있는지 알지 못한다.

이 책에서 우리는 하루 안에서 삶을 바라볼 것이다. 작은 순간들의 믿음과 자잘한 형태의 영적 성숙에 대해 생각해 볼 것이다. 이것들만 중요해서 그렇게 하는 것이 아니라, 누구나 예외

없이 일상적이고 평범한 인간성 안에서 살아가기 때문이다.

나는 큰 개념을 좋아한다. 칭의, 교회론, 성령론, 그리스도론, 종말론에 관한 대화에 취할 수도 있다. 그러나 이러한 큰 개념은 일상의 작은 순간, 우리 삶을 구성하는 장소, 계절, 가정, 공동체 안에서 태어나며 삶과 믿음을 통해 구체화되고 살을 덧입는다. 애니 딜러드(Annie Dillard)는 다음과 같은 유명한 문장을 썼다. "하루를 어떻게 사는가가 바로 인생을 어떻게 사는가다."[6] 나는 신학교에 들어가기 몇 년 전 우연히 딜러드의 문장을 읽었고, 흥미진진한 신학 공부 기간 내내 뒷주머니에 넣어 다녔다. 이 문장은 내가 무엇을 믿고 누구를 경배하는지를 보여 주는 시험대가 곧 오늘 하루라는 사실을 일깨워 준다.

그리고 새로운 하루가 시작될 때마다 나는 이 사실을 떠올리며 마음을 가다듬어야 한다. 나는 이 삶, 바로 내 앞에 놓인 이 삶을 살고 있다. 결혼 생활이 쉽지 않은 삶. 생각한 대로 혹은 바랐던 대로 살고 있지 못한 삶. 피곤하고, 더 나아지고 싶지만 어디에서 시작해야 할지 모르겠고, 저녁을 차리거나 아이들의 이를 닦아 주어야 하고, 허리가 아프고 하루하루는 지루하며, 인생이 작게만 보이고, 의심이 들고, 허무와 싸워야 하고, 사랑하는 이들을 걱정하고, 이웃에게 다가가거나 가까이에 있는 이들을 사랑하기 위해 애쓰고, 애통하고, 기다리는 삶.

그리고 이 구체적인 하루 안에서 예수님은 나를 아시고 나를 그분의 소유로 선언하신다. 이 하루 안에서 그분은 세상을 구속하시고, 그분의 나라를 이루어 가시고, 우리를 회개와 성장으로 부르시고, 그분의 교회에게 예배를 가르치시고, 우리에게 더 가까이 다가오시고, 그분 소유의 백성을 만들고 계신다.

내가 예수님의 복음으로써 변화되는 데 일생을 들여야 한다면, 나는 교리, 신학, 교회론, 그리스도론과 같은 거대하고 모든 것을 아우르는 진리를 평범한 하루의 결에 대고 문지르는 법을 배워야만 한다. 그리스도 안에서 이 평범한 하루를 어떻게 보내는가가 결국 그리스도인으로서 어떻게 사는가다.

02 | 침대 정리

예전, 의례,
삶을 형성하는 것

몇 년 전 일이다. 사순절이 시작될 즈음, 침대 정리에 대해 호기심이 생겼다. 구체적으로는 수천 혹은 수백만의 성인들이 침대 정리를 한다는 사실을 알았는데, 이것은 침대 정리를 거의 하지 않는 나에게는 충격이었다.

그동안 나는 극소수의 완벽하고 초인간적 엘리트 그룹을 제외한 대부분의 사람이 집에서 파티를 열거나 엄마가 오시는 날이 아니면 침대 정리를 하지 않는다고 생각했다. 물론 헌신적으로 침대 정리를 하는 사람들은 이해하기 힘들겠지만, 나에게 침대 정리란 치아 교정기나 수학 숙제처럼 모두가 가능한 한 빨리 벗어나고 싶어 하는 것이었다.

도대체 이 일이 무슨 소용이 있는가? 그날 저녁이 되면 다시 엉망이 될 텐데. 이것은 시시포스의 형벌 같은 것이다. 침대를 정리하고 어지럽히고 다시 정리하기를 끝없이 반복한다. 게다가 무슨 유익이 있는가? 그릇은 설거지를 해야만 다시 쓸 수 있고, 옷은 빨래를 해야만 깨끗하게 입을 수 있다(물론 나는 이 일들 역시 최대한 미룬다). 그러나 침대의 기능은 시트가 팽팽하게 당겨져서 깔끔하게 씌워져 있을 때나 엉망으로 흐트러져 있을 때

나 똑같다. 오해하지 않길 바란다. 나도 잘 정리된 침대, 특히 새 시트가 깔린 침대로 기어들어 갈 때의 느낌을 좋아한다. 단, 그 모든 수고를 감수할 만큼은 아니다.

이 새로운 발견에 호기심이 생긴 나는 친한 친구에게 침대 정리를 하느냐고 물었다. 친구는 그렇다고 했다. 매일은 아니지만 안 할 때보다는 할 때가 많고 우습게도 저녁에, 그것도 잠자리에 들기 바로 직전에 침대 정리를 할 때가 많다고 했다. 나는 전혀 납득이 되지 않는 이 말에 완전히 사로잡혔다. 그래서 나는 페이스북에서 사람들에게 침대 정리를 하는지, 만약 한다면 얼마나 자주 하는지를 묻는 간단한 설문을 실시했다. 사람들, 사실은 아주 많은 사람들이 놀라운 열의를 보이며 응답했다.

어떤 사람들은 매일 일어나자마자 열성적으로 침대 정리를 했다. 어떤 이들은 전혀 하지 않았다. 어떤 이들은 침대 정리를 고려하는 것조차 말이 안 된다고 생각하는 반면, 어떤 이들은 침대 정리를 하지 않는 것이 이를 안 닦거나 세금을 안 내는 것과 비슷하다고, 즉 잡혀갈 일은 아니지만 혐오감을 살 만한 일이라고 생각했다. 많은 사람들이 불규칙적으로 일주일에 서너 번 침대 정리를 했다. 많은 사람들이 밤에 침대 정리를 한다는 사실은 충격이었다. 어떤 사람들은 침대 정리가 인생을 변화시킬 것이라고 장담했다. 침대를 정리하면 훨씬 성공적이고 행복하며 생산적인 삶을 살게 될 거라고 했다.

* * *

그 당시 나는 아침에 눈을 뜨면 일과처럼 스마트폰을 집어 들었다. 그것은 안개가 낀 듯 희뿌연 내 머리에 일관성과 활동력을 일깨워 주는 디지털 카페인 같은 자극제였다. 침대에서 나오기 전, 나는 이메일을 확인하고 뉴스를 읽고 페이스북이나 트위터를 훑어보았다.

새끼 야생 동물이 인간에게 구조되면, 그 동물은 인간을 '각인'한다고 한다. 즉, 자기를 구한 인간을 어미라고 생각하는 것이다. 그때부터 그 동물은 모든 좋은 것이 인간에게서 온다고 믿게 된다. 그렇게 되면 더 이상 야생이 아니며 자생력을 잃는다. 우리 동네 동물 보호 센터에는 새끼 퓨마, 너구리, 고슴도치 등 먹이와 물, 주거지와 보호를 인간에게 의존하는 동물들이 산다.

나의 아침 스마트폰 의례는 짧다. 길어야 5분에서 10분이다. 그러나 나에게는 각인이 남는다. 테크놀로지가 나의 하루에 각인되는 것이다. 그리고 인간에게 의존하는 새끼 퓨마처럼, 나는 모든 좋은 것을 번쩍거리는 화면에서 찾고 있을 것이다.

테크놀로지가 하루 중 비어 있는 모든 순간을 채우기 시작했다. 아침 식사 전, 나는 빠르게 이메일, 페이스북, 트위터, 블로그를 살핀다. 그리고 한 시간 뒤 이를 반복한다. 기사를 제대

> 깨닫지 못한 사이에 천천히 나는 습관을 형성해 왔다.
> 그것은 지루함에 대한 지속적인 저항과 두려움이다.

로 읽지 못하면서도 스마트폰을 '붙들고' 있느라 우유와 스낵을 달라고 여러 번 말하는 아이들의 소리를 듣지 못한다. 아이들이 점심을 먹는 동안 5분간의 온라인 세계를 즐긴다. 볼일을 마치고 돌아오는 길에도 달리는 차 안에서 스마트폰으로 뉴스를 읽고, 잠자리에 들기 전 한 번 더 화면을 확인한다. 나는 끊임없이 이어지는 뉴스, 오락거리, 자극, 좋아요, 리트윗으로 하루를 채운다. 깨닫지 못한 사이에 나는 천천히 습관을 형성해 왔다. 그것은 지루함에 대한 지속적인 저항과 두려움이다.

※ ※ ※

침대 정리에 관한 즉석 사회학적 연구 이후, 나는 그해 사순절 동안 일과를 바꾸어 보기로 결심했다. 스마트폰과 함께 잠에서 깨기를 멈추는 대신 일어나자마자 침대 정리를 해 보기로 했다. 그 뒤에는 (말끔하게 정리된 침대 위에) 조용히 앉아 처음 몇 분을 보내기로 했다. 그래서 나는 침대에서 스마트폰을 치웠다.

누군가의 장담처럼 새로운 사순절 일과가 엄청난 성공을 주거나 활력이 넘치게 해 주지는 않았다. 그러나 희미하지만 나의 하루는 다른 식으로 각인되기 시작했다. 나는 하루의 첫 활동, 첫 움직임을 소비자가 아닌 하나님의 협력자로서 행하고 있었다. 즉석 정보 서비스로 아침을 시작하기 위해 기계로 달려가는 대신, 오래된 이불의 부드러운 감촉을 손끝으로 느끼고, 구겨진 시트를 잡아당겨 빳빳하게 정리하며, 맨발로 딱딱한 마룻바닥을 느낀다. 창조 기사를 보면 하나님은 혼란 속으로 들어오셔서 질서와 아름다움을 만들어 내신다. 침대를 정리할 때 나는 지극히 사소하고 평범한 방식으로 그러한 창조의 행위를 반영한다. 나의 작은 혼란 속에서 작은 질서를 만들어 낸다.

그러고 나면 어질러진 집 안에 하나의 작은 공간, 질서가 잡힌 사각 공간이 생겼다. 신비롭게도 이 사각형은 나의 어지럽고 산만한 정신 안에도 작고 질서 잡힌 공간을 만들어 냈다.

조용히 앉는다. 때로는 성경을 읽는다. 보통은 기도를 한다. 주기도문으로 시작하여 하나님을 나의 하루 안으로 초대한다. 『성공회 기도서』의 아침 기도문으로 기도한다. "오 주님, 제 입술을 여시고 제 입이 주님을 찬송하는 노래를 부르게 하소서…."[1]

걱정거리, 소망, 의문을 하나님의 임재 앞에 잘 잡아당긴 시트처럼 펼쳐 놓는다. 일과 가족, 결정해야 할 사안, 그날 예정된

모임을 위해 기도한다. 그러나 대부분은 그저 가만히 앉아 하나님을 하루 안으로 초대한다. 침묵. 일종의 듣기. 일종의 그저 앉아 있기.

그러나 나는 기대감 속에 앉아 있다. 하나님이 이날을 만드셨다. 주님이 이날의 이야기를 쓰셨고 이름을 붙이셨으며 이 하루의 목적을 붙들고 계신다. 오늘, 주님은 창조자이시며 모든 좋은 것을 주시는 분이다. 엄마의 젖을 먹듯 나는 이 침묵을 받아 마신다.

* * *

하루의 대부분, 따라서 우리 인생의 대부분은 습관과 일과에 따라 움직인다.

우리가 세상에 존재하는 방식은 의례와 반복을 통해 우리 안으로 스며든다. 제임스 스미스(James K. A. Smith)는 반복적 실천이 우리가 어떻게 살고 무엇을 사랑할지에 대한 동기를 부여하고 그 반복적 실천을 통해 '좋은 인생'에 대한 특정한 관점이 우리 안에 새겨진다고 설명한다.[2]

인지하든 인지하지 못하든, 우리는 실천 즉 우리를 우리로 만들어 가는 의례와 예전을 통해 매일매일 형성된다. 기계적 반복일 때가 많은 이러한 실천은 교회나 말씀뿐 아니라 문화와 '우리 주변의 분위기'에서도 나온다.

플래너리 오코너(Flannery O'Connor)는 한 젊은 친구에게 이렇게 말한 적이 있다. "이 시대가 자네에게 부딪혀 오는 만큼 자네도 강하게 그것을 거슬러 보게."[3] 교회는 삶의 모든 영역에서 삼위일체 하나님의 사랑으로 구별된, 급진적으로 대안적인 사람들이어야 한다. 그러나 우리는 자주 어떻게 이런 대안적인 사람이 될 수 있는지 확신하지 못한다. 마음 깊이 복음을 믿고 부활에 소망을 두면서도, 우리가 하루를 사는 방식이 믿지 않는 이웃과 너무 비슷하다고 느낀다. 약간의 영성이 더해져 있기는 하겠지만 말이다.

어떤 그리스도인들은 올바르게 믿는 것, 즉 머릿속을 바른 생각으로 채우거나 성경적 세계관을 갖는 것이 시대를 거스르는 주된 방식이라고 생각하는 것 같다. 그리스도인의 삶에서 교리적 정통성이 아주 중요하기는 하지만, 우리 행위의 일차적 동기는 대부분 의식적 사고가 아니다. 보통은 선인지적(precognitive)으로 행동한다.[4] 우리는 이를 닦거나 장을 보거나 운전을 할 때 신념이나 세계관에 대해 생각하지 않는다. 우리의 삶과 문화를 형성하는 대부분은 "의식 세계 아래에서", 즉 우리의 오장육부에서 우리가 사랑하는 것과 관련하여 작동한다.[5]

다른 그리스도인들은 시대를 거스르는 것이란 실사회에 대한 급진적 거부도 포함된다고 믿는다. 우리 자신을 문화와 충분히 분리시킬 수 있으려면 그것에서 뒤로 물러나 특정 종류의 예술, 음악, 매체, 시민 생활의 일부를 거부하거나, 대안 공동체에서 살거나 직업을 포기하거나 해외로 가거나 의도적으로 가난한 사람들 사이에서 사는 일종의 기독교 급진주의 형태를 취해야 한다는 식으로 생각이 흘러간다. 그럴 때만 대안적 사람들로 형성될 수 있다는 것이다. 각각의 접근은 우리 시대의 문화 안에서 어떻게 그리스도를 따를 것인가에 대한 귀중한 통찰을 주기는 하지만, 그 자체로 대안적 사람들을 형성하기에는 부족하다. 우리만의 음악, 집회, 책, 매체, 유명인, 생활 방식을 소비함으로써 주류 문화를 거부하고 특정 하위문화 안에서 살도록 가르치기 때문이다. 이러한 접근은 우리를 대안적 소비자로 만들어 줄지언정, 예배자로는 만들어 주지 못한다.

우리가 누구든, 무엇을 믿든, 어디에 살든, 소비 성향이 어떻든, 우리는 무언가를 하면서 하루를 보낸다. 습관과 실천으로 형성된 일상을 살아간다. 스미스는 아우구스티누스(Augustine)를 따라, 대안적 사람이 된다는 것은 다른 방식, 곧 우리의 사랑과 욕망의 방향을 하나님께 맞추는 실천과 습관을 선택하는 방식으로 형성된다고 주장한다.

우리는 매일 아침 일어날 때마다 세상 속에서 우리의 존재 방식을 처음부터 새롭게 형성하지는 않는다. 일상의 모든 행동을 철저하게 생각하면서 하는 것도 아니다. 우리는 오랜 시간에 걸쳐 형성해 온 패턴에 따라 움직인다. 이러한 습관과 실천이 우리의 사랑과 욕망을 형성하고 궁극적으로 우리가 누구이고 무엇을 예배하는지 결정한다.

* * *

일요일에 우리는 교회에서 예전(의식화된 예배의 방식)에 참여하고 매주 예전을 반복하며 예전을 통해 변화된다. 우리가 지키는 일요일의 예전은 전통에 따라 형식이 다르다. 퀘이커교, 로마 가톨릭, 개신교의 예배 방식은 모두 다르지만, 각 전통 안에는 저마다의 예배 형식이 있고, 각각의 공동 예전을 통해 회중은 세상 속에서 특정한 방식으로 존재하는 사람들로 형성된다. 자유롭고 비예전적이라고 주장하는 전통의 예배에서도 특정한 실천과 형식이 뒤따른다. 문제는 우리가 예전을 행하느냐 아니냐가 아니다. 문제는 '우리의 예전이 우리를 어떤 사람들로 형성하는가'다.

일요일의 예전은 우리에게 좋은 인생에 대한 특정한 생각을 가르치며, 우리는 실생활에서 그러한 비전을 품은 사람으로서 한 주를 살도록 보냄 받는다.

어떤 특정한 교회 전통에도 마법은 존재하지 않는다. 예전은 죄성을 없애 주는 마법의 탄환이 아니다. 이 "형성적 실천들"은 복음과 하나님의 주권과 능력 밖에서는 아무 의미가 없다.⁶ 그러나 하나님은 개인으로서뿐 아니라 수천 년에 걸친 집단적 백성으로서 우리를 사랑하시고 찾아내셨다. 오랜 역사를 통해 우리의 형제자매들이 만들어 온 믿음의 말씀, 실천, 리듬을 배워 갈 때, 우리는 예배 안에서 일상을 사는 법을 배운다.

우리에게는 매일의 예전을 구성하는 매일의 습관, 즉 형성적 실천들이 있다. 매일 아침 스마트폰을 향해 손을 뻗을 때, 나는 기술을 이용한 오락과 자극이라는 특정한 목표를 향해 나를 훈련시키는 의례를 발전시키고 있었다. 내가 표방하는 세계관이나 특정 기독교 하위문화와는 상관없이, 검증되지 않은 매일의 습관이 번쩍거리는 화면을 숭배하는 예배자로 나를 형성해 가고 있었던 것이다.

내가 사랑하고 예배하는 것을 드러내고 형성하는 것으로서의 일상의 예전을 살펴보면서 나는 **예전으로서의** 그러한 매일의 실천이 나를 잘못 형성하고 있었음을 깨달았다. 그것은 하루 내내 나를 덜 살아 있고 덜 인간적이 되도록, 사랑을 덜 주고받도록 나를 만들고 있었다. 이러한 의례를 바꾸자 세상 속의 다른 존재 방식을 지향하게 하는 반복적이고 사색적인 새로운 습관을 형성할 수 있었다.

스미스는 우리에게 일상을 검증해 보라고 요청한다.

따라서 문제는 이런 것이다. 우리가 알지 못한 채 습득하게 되는 습관과 실천이 존재하는가? 우리가 순진하게 몰입하고 있는—따라서 그것에 의해 형성되는—즉 더 주의 깊게 살펴보면 어떤 궁극적 목적을 지향하는 문화의 의례적 힘이 존재하는가? 우리가 참여하는 평범하고 반복적인 일상의 행위 중에서 우리가 주의를 기울인다면 좋은 삶의 특정한 전망을 지향하는 두꺼운 실천으로서 기능하는 것들이 존재하는가?[7]

우리가 시간을 보내는 방식, 눈에 잘 띄지 않고 귀에 잘 들리지 않는 그 방식이 우리를 형성한다. 교회의 공동체적 실천에 뿌리내린 일상의 순간들은, 습관과 반복을 통해 스치는 순간마다 하나님의 사랑으로 구별된 하루, 곧 구별된 인생을 살아가도록 우리를 형성한다.

이 책에서 평범한 하루를 따라 함께 걸어가면서 우리는 흔하고 자주 간과하는 매일의 실천을 하루의 예전으로 볼 것이다. 그것이 일요일의 공동체적 예전과 긴밀하게 연결되어 있을 뿐 아니라 그것을 통해 변화된 예전임을 알게 될 것이다. 나의 스마트폰 의례처럼 일부는 변해야 할지도 모른다. 우리의 실천을 검증할 때 우리는 우리를 보다 신실한 예배자로 형성해 줄 새로운 습관을 만들 필요가 있음을 깨닫는다. 어떤 습관은 중요한 영적 실천으로서 검증되어야 할 수도 있다.

우리가 하루를 살펴보면서 모든 습관 하나하나에 관한 신학을 의식적으로 다 생각할 수 있으리라고는 기대하지 않는다. 그러면 너무 피곤할 것이다. 그러나 일상의 활동을 신학적으로 검증하든 하지 않든, 그 활동은 하나님과 우리 자신에 대한 우리의 관점을 형성한다. 예전이라는 렌즈로 일상을 검증함으로써 우리는 우리의 습관이 우리를 어떤 사람으로 형성하고 있는지, 하나님이 사랑하시고 변화시키고 계신 사람들로서 우리가 어떻게 살아갈 수 있는지 볼 수 있다.

* * *

매일 침대 정리를 하고 조용한 방에서 책상다리로 앉아 있는 나의 사순절 의례는 침묵의 감촉과 반복의 리듬을 다시 익히게 해 준 실천이었다. 나는 반복적이고 오래되었으며 조용한 것을 받아들이도록 나를 격려해 주는 의례가 필요하다.

그러나 나는 새로움과 자극을 열망한다.

나만 그런 것은 아니다. 흥미롭고 한편으로는 충격이기도 한 버지니아 대학의 한 연구는, 선택지가 주어진다면 많은 사람이 혼자 가만히 앉아 생각하기보다는 전기 충격을 경험하는 편을 선호한다는 사실을 보여 주었다. 참가자들에게 약한 충격을 가했을 때, 모두가 그것을 좋아하지 않으며 피할 수 있다면 돈을 내겠다고도 응답했다. 그러나 어떤 오락거리도 없고 휴대전화를 확인하거나 음악도 들을 수 없는 상태에서 오직 '충격' 버튼만 들고 빈 방에 가장 길게 15분간 혼자 남겨졌을 때, 남성의 3분의 2, 여성의 4분의 1이 자발적으로 스스로에게 충격을 가했다. 연구 진행을 도운 팀 윌슨(Tim Wilson) 박사는 이렇게 말했다. "나는 이것이 왜 우리 중 많은 사람이 외부 활동을 그토록 매력적으로 느끼는지 보여 준다고 생각합니다. 심지어 어디에나 존재하는 휴대전화를 그토록 많은 사람이 끊임없이 들여다보는 수준에서조차 말입니다.…우리의 정신은 강력하게 세상에 관여하고자 하며, 할 수 있다면 어떤 기회라도 잡을 것입니다."[8]

침대 정리에 있어서, 나는 그것을 반복해야 한다는 사실이 가장 싫은데, 이 반복성은 바로 믿음의 리듬을 반영한다. 우리의 마음과 사랑은 우리가 반복적으로 행하는 것을 통해 형성된다. 우리는 일요일에 함께 모여 예배를 드릴 때, 반복적이고 예측 가능한 것 안에서 함께 앉아 있는 방법을 배운다. 우리는 반복적이고 느린 신앙생활의 리듬을 배운다.

몇 년째 계속하고 있고 이제는 완전히 자리 잡은 나의 사순절 침대 정리 의례는, 나에게 속도를 늦추고, 지루한 화요일 아침으로 용감하게 들어가며, 일상의 삶을 껴안는 법을 가르쳐

> 우리를 성숙시키는 훈련의 장은
> 바로 매일의 일상, 그 단조로움 안에 있다.

준다. 그것은 이 작은 순간들마다 하나님이 우리를 만나 주시고 우리의 평범한 하루에 의미를 부여하신다고 믿을 때 가능하다. 우리는 신들의 저주를 받아 무의미한 일을 끝없이 반복하면서 허무하게 살도록 버려진 시시포스가 아니다. 그 대신, 일상의 이 작은 조각들은 심오한 의미를 지니는데, 이는 그것이 예배의 현장이기 때문이다. 우리를 성숙시키는 훈련의 장은 바로 매일의 일상, 그 단조로움 안에 있다.

크고 즐겁고 극적이고 충격적인(때로는 문자적으로) 것을 열망하는 문화에서, 침묵과 반복의 공간이 있는 삶을 일구는 것은 믿음의 삶을 유지하는 데 꼭 필요하다.

나의 남편 조녀선은 박사 과정 중에 전(前) 예수회 사제이자 지금은 결혼한, 학생들에게 인기가 많은 한 교수를 알게 되었다. 그는 경건한 사람이었고 선동가였다. 한번은 어떤 학생이 아우구스티누스의 『고백록』(Confessions)을 읽어야 하는 것에 대해 불평했다. 그 학생이 "이 책은 지루해요"라고 우는소리를 하자 그 교수는 이렇게 답했다. "아니, 그 책은 지루하지 않네. 자네가 지루한 거지."

이 말은, 복음과 교회의 풍요로움을 들여다본 뒤 그것이 지루하고 흥미롭지 않다고 생각한다면, 사실 그것은 우리가 비어 있기 때문이라는 의미다. 우리는 진정한 경이가 있는 곳에서 그 경이를 보는 능력을 잃어버렸다. 우리는 선함과 진리와 아름다움을 알아볼 수 있는 사람들로 형성되어야 한다.

우리가 교회로서 함께 드리는 예배는 특정 방식으로 우리를 형성한다. 우리는 단지 유행하거나 소란스럽고 재미있는 것이 아닌, 생명을 주는 것을 가치 있게 여기는 사람들로 형성되어야 한다. 회중 예배가 록 콘서트나 특별한 오락물처럼 보일 때 나는 우리가 짜릿함과 격렬한 흥분을 쫓는 소비자로 형성되고 있는 것은 아닌지 걱정된다. 우리에게는 하루하루 회개와 믿음의 리듬을 통해 우리를 변화시켜 가는 세상 속에서의 존재 방식을 배우는 것이 필요한데 말이다. 우리는 하나님과 우리 주변 사람들을 사랑하는 느린 습관을 배워야 한다.

자극, 정보, 오락에 중독되는 것은 우리를 공허하고 지루하게 만들며, 그리스도 안에서 삶의 평범한 경이를 껴안지 못하게 만든다. 캐슬린 노리스(Kathleen Norris)는 이렇게 말한다.

예전과 비슷하게, 청소의 의미와 가치는 많은 부분 그 반복성에서 나온다. 즉, 결코 끝나지 않으며 그저 다음 날까지 그것을 한쪽으로 미뤄 둘 뿐이라는 사실 말이다. 예전 그리고 완곡하게 표현하여 '집안'일은 둘 다 현재적 순간, 소망이 자라게 하고 그날그날의 삶이 가능해 보이도록 만드는 현재에 대한 일종의 믿음과 강력한 관련이 있다.[9]

매일의 삶, 싱크대에 쌓인 그릇, 같은 질문을 하고 같은 이야기를 또 해 달라고 조르는 아이들, 오후의 긴 우울함 같은 것들은 반복으로 채워진다. 그리스도인의 삶에서도 많은 부분은 똑같은 일로, 예배라는 똑같은 습관으로 반복해서 돌아온다. 우리는 동일한 영적 싸움을 반복해서 싸워야 한다. 회개와 믿음도 매일 반복된다. 우리는 회개하고 또 회개하며, 믿고 또 믿는다.

신 수도원 운동에 속한 한 공동체 하우스 벽에는 이런 글귀가 걸려 있다. "모든 사람이 혁명을 원한다. 아무도 설거지를 원하지는 않는다." 나는 모든 것이 아름답고 거대한 방식으로 새롭고 온전해지기를 열망하는, 즉 혁명을 원하는 그리스도인이었고 지금도 이 사실은 변함없다. 그러나 설거지를 배우지 않고 혁명에 이를 수는 없다는 사실을 서서히 깨달았다. 그리스도인의 삶을 유지하기 위해 필요한 영적인 삶과 훈련은 조용하고 반복적이며 평범하다. 나는 자주 신앙에서 짜릿한 흥분을 느끼기 위해 지루하고 일상적인 것은 건너뛰고 싶다. 그러나 하나님이 이루시는 변화가 뿌리내리고 자라나는 장소는 침대 정리와 설거지를 하고 원수를 위해 기도하고 성경을 읽는 것과 같은 조용하고 작은 일들, 즉 기독교 신앙의 일상성 안이다.

* * *

나의 새로운 아침 실천의 핵심은 잡지 표지에 나오는 침대를 갖는 것이 아니었다. 우리 집에서는, 나의 집안일 능력과 꾸미는 솜씨로는 절대 일어날 수 없는 일이다. 핵심은 "청결함이 경건함 다음이다"가 아니다. 싱크대에 그릇을 쌓아 놓은 채 산책을 가거나 친구와 만나거나 아이들과 놀아 주거나 낮잠을 자는 것도 때로는 필요하다.

나의 아침 예전을 바꾸는 일의 핵심은 반복, 손으로 만질 수 있는 것, 내 앞에 놓인 일에 나 자신을 길들이는 것이었다. 이런 작은 방법으로 나를 훈련함으로써 이 평범한 하루 안에서 하나님의 임재를 볼 수 있는 눈을 가지고 사는 것이었다. 나는 의식이 깬 첫 순간부터 오락거리와 정보와 자극으로 나를 채우는 습관을 키우고 있었다. 나의 뇌는 자극에서 자극으로 빠르게 달려가기만 할 뿐 집중하거나 가만히 누워 있지 못했다. 침대 정리를 하고 침묵 속에 잠깐이라도 앉아 있는 일은, 나의 하루에서 가장 실제적이고 중요한 것이 요란하고 번쩍거리고 재미있는 일이 아님을 일깨워 주었다. 나는 반복적이고 일상적인 것 안에서 하나님과 주변 사람들을 사랑하고 그들에게 귀를 기울이고 마음을 쏟는 법을 배우기 시작한다.

나는 지루함을 보자마자 번개처럼 달아나거나 고요에 맞서 싸우지 않도록 다시 훈련받아야 했다. 그것을 위해서는 습관을 키워야 했다. 그리고 습관은 가지런히 정리된 시트 위에 앉아 절반쯤은 지루해하며 기도하고 듣는 것과 같은 작은 일에서 시작해야 한다.

03 | 이 닦기

일어서고 무릎 꿇고 고개 숙이기,
육체 안에서 살기

삶의 많은 부분은 불가피하게 단순한 유지 보수로 이루어진다. 물건은 관리하지 않으면 망가진다. 우리는 하루의 대부분과 에너지의 많은 부분을 그저 피할 수 없는 퇴보와 쇠락을 늦추는 데 사용한다.

몸이 특히 그렇다.

우리는 몸을 돌보고 관리하며 살아간다. 몸을 씻기고 먹이고 거기서 나오는 찌꺼기를 처리하고 운동을 시켜 주고 쉬게 하며, 이를 매일 반복한다. 이렇게 할 때만 우리는 잘 지낼 수 있고 모든 것이 순조롭게 이어진다. 이러한 모든 보살핌에도 불구하고 결국 우리 몸은 고장 나고 병에 걸린다. 그러면 더 많이 보살펴 주어야 한다. 육체를 지니는 것은 아주 번거롭다.

오늘 아침 나는 이를 닦았다. 이 닦기는 기억할 수 있기 전부터 내 안에 새겨진 무의식적 습관이다. 나는 거의 매일 아침 저녁으로 이를 닦는다. "거의"인 이유는 때로 매일 이를 닦아야 한다는 순전한 당위성이 억울한 나머지 반항적 10대처럼 반기를 들곤 하기 때문이다. 나는 무엇이든 매일 해야 하는 일은 좋아하지 않는다. 반년에 한 번 정도는 이를 닦지 않고 그냥 잔다. 그저 그렇게 할 수 있음을 증명하기 위해, 나는 내 어금니들의 노예가 아님을 증명하기 위해 말이다. 우습고 약간은 정신 나간 소리처럼 들릴 수 있겠다. 그러나 내 몸의 끈질긴 요구는 너무 부담스럽고 고되다. 이는 요구가 많다.

물론 내가 노예처럼 내 몸을 돌보기만 하는 것은 아니다. 몸이 있어서 얻는 즐거움이 분명 있다. 샤워할 때 느끼는 따뜻함, 잘 익은 사과의 질감, 오래 산책하며 다리를 쭉 펼 때의 느낌, 올리브유로 마늘을 볶을 때의 향기. 그래서 나는 (거의) 매일 아침저녁으로 이를 닦는다. 하나님이 나에게 숨을 허락하실 때까지 바삭한 칩을 씹고 싶고 타코를 먹고 싶기 때문이다.

* * *

우리는 끊임없이 몸을 돌보는 데 사용하는 수많은 시간이 무의미하다고 믿을 수 있다. 그날 하루 정말로 중요한 부분에 이르기 위해 거쳐야 하는, 필요하기는 하지만 대수롭지는 않은 일이라고 여길 수 있다. 그러나 정통 기독교에서 우리의 몸은 대단히 중요하다.

그리스도인은 몸에 대한 두 가지 잘못된 관점을 자주 지적받는다. 하나는 몸 없이 구름 위를 떠다니는 영혼의 영성을 선호하면서 몸을 무시한다는 것이다. 다른 하나는 성 행위를 감시하는 데만 집중하고 몸을 악의 더러운 근원으로 폄하함으로써 몸에 집착한다는 것이다. 역사의 특정 기간, 특정 공동체에 한하여 이는 합당한 지적이다. 그러나 우리가 성경에서 발견하는 기독교는 몸을 가치 있게 여기고 존중한다.

기독교는 본질적으로 철저하게 체화된 신앙이다. 우리는 성육신을 믿는다. 그리스도는 몸을 입고 오셨다. 그분이 우리처럼 하얀색 죽염 치약으로 이를 닦지는 않으셨겠지만, 그분도 우리처럼 매일 몸 관리를 하셨다. 잠을 주무셨고 음식을 드셨고 머리를 빗으셨다. 낮잠을 주무셨고 더러워진 발을 닦으셨다. 금욕적인 비판자들이 그분을 향해 먹고 마시기 좋아하는 사람이라고 조롱한 것을 보면 분명 길고 훌륭한 저녁을 즐기셨을 것이다.

성경을 보면 육체가 신앙의 부수적 요소가 아니라 예배를 위한 필수 요소임을 알 수 있다. 우리는 몸을 입도록, 몸 안에서 삶과 기쁨과 한계를 경험하도록 지어졌다. 예수님이 우리를 구속하실 때, 그 구속은 우리의 육체 안에서 일어난다. 그리고 죽을 때 육체는 남겨 둔 채 하늘로 올라가는 것이 아니라 육체의 부활을 경험할 것이다. 그리스도 자신도 부활하신 후 신비롭게 변화된, 그러나 여전히 먹고 마시는 몸으로 나타나셨다. 지금도 그분은 몸을 입고 계신다.

성경이 요청하는 체화된 윤리, 예를 들어 성적 정결함이나 먹고 마시는 것에 대한 절제는 몸과 몸의 욕구를 경멸하는 데서 비롯된 것이 아니다. 그것은 그리스도 안에 있는 우리의 삶에서 몸이 갖는 중요성을 이해하는 데서 나온다. 몸과 영혼은 분리될 수 없으며, 따라서 우리가 몸으로 하는 일과 영혼으로 하는 일은 언제나 긴밀하게 얽혀 있다.

사도들이 강력하게 반대한 최초의 이단 중에 더 높은 영적 실재를 받아들이기 위해 체화된 삶을 기피했던 영지주의가 있었다는 사실은 놀랍지 않다. 영지주의에서 이 닦기, 샤워하기, 손톱 깎기는 영혼이 순순하게 영적인 삶에만 몰두하는 것을 가로막는 귀찮은 방해물일 뿐이다. 그러나 그리스도 안에서 이러한 육체적 일과는 하나님의 선한 창조에 대한 응답이다. 내가 닦는 이, 내가 씻는 몸, 내가 깎는 손톱은 인간의 몸을 거부하지 않으시는 사랑이 많은 창조주가 만드셨다. 그분은 우리를 향해 모든 면에서 "참 좋다"고 선언하셨다. 몸을 지닌 우리를 구속하시려고 그분 자신이 육신이 되셨고, 그렇게 하심으로써 체화 자체를 구속하셨다.

* * *

창세기를 보면 타락 이후 몸을 지니는 일에는 수치심이라는 피할 수 없는 경험이 늘 따라온다. 아담과 하와는 벌거벗은 자신들을 보고 몸을 가리기 위해, 하나님과 서로에게서 숨기 위해 애쓴다. 몸이 있다는 것은 기쁨과 즐거움의 원천이지만, 때로 당혹감을 주기도 한다. 몸을 지니는 것에는 품위가 떨어지는 것처럼 느껴지는 무언가가 있다. 우리는 입 냄새를 없애기 위해 이를 닦는다. 입안에 있는 것을 뱉고 치실을 사용하고 잇몸에 낀 팝콘 알갱이를 빼내야 한다.

육체를 입고 살면서 생기는 더 당혹스러운 면들에 대해서는 언급조차 피하고 싶어 한다. 그런데 하나님은 그 모든 것 안으로 들어오셨다. 그분은 아담과 하와의 수치심을 피하지 않으셨다. 그 대신 그분은 그것을 덮으셨다.

하나님은 성육신을 통해 육체의 아름다움과 경이뿐 아니라 그것의 수치심으로도 들어오셨다. 예수님도 입 냄새가 났다. 자다가 오줌을 쌌을 수도 있다. 콧속에는 코딱지가 있고 치열이 고르지 않았을 수도 있다. 몸에서 냄새도 났을 것이다. 벌거벗음을 가리셔야 했다.

그러나 그리스도의 육체를 지닌 삶과 죽음과 부활 때문에 그리스도 안에 있는 우리는 '그리스도를 옷으로 입[을]' 수 있다. 아담과 하와가 무화과나뭇잎으로는 가리지 못했던 몸의 수치, 궁극적으로 죄의 수치는 그리스도 안에서 영구히 해결되었다.

기독교의 토양인 유대교 신앙은 유쾌하게 때로는 충격적일 정도로 직접적이고 구체적이다. 독실한 유대인은 화장실을 사용한 뒤에 아셰르 야차르(Asher Yatzar)라고 부르는 기도문을 외운다.

찬양을 받으소서, 하셈 우리의 하나님, 우주의 왕이시여. 지혜로 사람을 지으시고 그 안에 많은 구멍과 빈틈을 만드신 분. 주님의 영광의 보좌 앞에 명백하고 잘 알려져 있듯 만약 이것 중 하나라도 파열되거나 막힌다면 누구도 주님 앞에 (잠시라도) 서거나 살아남는 것은 불가능합니다. 찬양을 받으소서, 하셈, 모든 육체를 치유하시고 놀랍게 행하시는 분.[1]

나는 이 기도문을 사랑한다. 당혹스럽고 살짝 불편할 정도로 생생하기는 하지만, 유대교의 이 축복 기도문은 대담하고 아름답다. 기도문은 행성들이 궤도를 따라 움직이게 하시는 분이 인간의 몸에서 가장 평범하고 재미없고 지저분한 부분에까지 친히 관여하신다는 사실을 믿으라고 우리에게 도전한다. 하루 중 가장 품위가 떨어지는 순간에도 감사하며 예배를 드리라고 요청한다.

우리 그리스도인은 스스로 인간이 되심으로써 체화된 인간성을 발끝까지 완벽하게 껴안으신 하나님을 믿는다. 그리스도가 몸을 입으셨기에, 우리가 몸을 돌보는 것은 예배나 제자도 같은 진짜 일을 위해 의미 없이 하는 당위적 관리가 아니다. 그 대신, 아무리 평범할지라도 우리의 몸을 돌보는 이 작은 임무는, 신비하게도 육신이 되신 우리의 창조주께서 우리의 몸을 훌륭하게 만드셨고, 세포와 근육과 조직과 치아 안에서, 또 그것들을 통해서 드리는 예배를 받으시기에 합당하다는 체화된 고백으로서 행해진다.

* * *

대체로 나는 신학교가 너무 재미있었다. 나는 교리나 신학 공부를 아주 좋아한다. (특히 친구랑 밥을 먹거나 커피를 마시면서 하는) 진지한 신학 논쟁을 즐긴다.

그러나 신학교에서 나는 깨달았다. 그동안 내가 그리스도인의 삶이란 일차적으로 바른 개념을 찾아가는 머릿속 탐색 정도로 생각하고 있었음을 말이다. 나는 매사추세츠주 케임브리지의 머리 좋은 그리스도인들의 하위문화 안에서 살고 있었다. 일종의 '우리끼리 똑똑한' 하위문화였는데, 예를 들면 우리 집 근처 주유소에서 일하던 남자는 종종 두꺼운 철학책을 읽고 있었다. 탁월한 정신을 지닌 이들에 둘러싸여 사는 것은 선물이었지만, 나는 오직 머리가 요구하는 종류의 기독교에만 끌린다는 것을 느꼈다.

신학교를 다니는 동안 나는 중증 장애가 있는 딸을 둔 한 가

탁월한 정신을 지닌 이들에 둘러싸여 사는 것은 선물이었지만, 나는 오직 머리가 요구하는 종류의 기독교에만 끌린다는 것을 느꼈다.

족을 만났다. 그 딸은 말을 하지 못했고, 우리가 아는 한 그녀의 두뇌는 생각을 유지할 수 없었다. '이 어린 소녀가 신앙 안에서 자라 간다는 것은 무슨 의미일까?' 나는 궁금했다. '이 아이는 어떤 방식으로 예배할 수 있을까?' 나는 단순히 인지적 신앙, 지적으로 바르게 믿는 신앙을 넘어서는 신앙을 갈구하기 시작했다.

교리나 엄밀한 지적 추구를 폄하하려는 것이 아니다. 그렇지만 신학적 엄밀성의 한복판에서, 나는 그리스도인의 삶이 나의 정신이 닿을 수 없는 곳까지 들어가 작동하게 하는 방법을 알고 싶었다.

복음을 머리만이 아닌 나의 몸으로도 믿는다는 것은 무엇을 의미할까?

젊은 신학생이던 당시의 나에게 기독교가 몸을 중요하게 여기는지 누군가 물었다면 분명 나는 그렇다고 대답했을 것이다. 창조, 성육신, 부활 안에 뿌리내린 몸의 신학을 설명할 수도 있었을 테고, 감사한 마음으로 우리의 몸을 하나님께 '산 제물'로

드리는 것의 중요성에 관해서도 말했을 것이다. 그러나 우리의 몸이 중요하다는 것을 단순히 교리의 또 다른 요점으로 아는 것만으로는 충분치 않았다. 나는 나의 몸을 산 제물로 드리는 것을 **내 몸을 통해** 훈련해야 했다.

우리 몸이 어떻게 예배의 처소가 되는지는 추상적 개념이 아닌, **우리 몸으로** 드리는 예배의 실천을 통해 배울 수 있다. 신학교를 다니는 동안 나는 친구들을 따라 집에서 북쪽으로 40분 정도 떨어진 작은 성공회 교회에 참석하곤 했다. 그 교회의 예배는 줄지어 걷기, 앉기, 걷기, 일어서기, 무릎 꿇기, 먹기, 성호 긋기, 소리 내서 읽기, 고개 숙이기 등 움직임이 많았다. 나는 체화된 신앙을 갈망해 왔었고, 이 교회는 일종의 영적 필라테스 교실처럼 느껴졌다.

매슈 리 앤더슨(Matthew Lee Anderson)은 그의 책 『질그릇』(Earthen Vessels)에서 농구 선수들이 반복 훈련으로 몸을 단련하듯 "손을 들고 하늘을 향해 우리 눈을 들고 무릎을 꿇고 기도문을 암송함으로써 공동체적 맥락에서 우리 몸을 산 제물로 드리는 연습은 전인격, 곧 몸과 영혼이 은혜의 보좌를 향하도록 우리를 훈련시킨다"고 주장한다.[2]

저녁을 먹을 때 우리 가족은 함께 감사의 노래를 부른다. 말을 잘하지 못하는 막내딸은 멜로디를 따라 크게 옹알거리며 기뿜을 표현하곤 했다. 딸은 그것을 무척 좋아했다. 때로는 앉아서 이렇게 말했다. "나 이도! 나 이도!"(번역: 내가 기도해도 돼요?) 아이는 우리가 하는 말의 의미나 예수님이 누구시며 우리가 노래를 부르는 이유는 이해하지 못했다. 아니, 적어도 말로 정확하게 설명하지는 못했다. 그렇지만 아이의 몸은 알았고 음식을 먹기 전에 감사한 마음으로 다른 이들과 함께 노래하는 습관을 통해 자신을 훈련하고 있었다. 나는 언젠가 이 아이가 이성을 사용해 풍성한 신학 연구에 적극적으로 참여하고 기도의 교리를 논리 정연하게 설명할 수 있기를 바란다. 그러나 지금도 이 아이는 자신의 모습 그대로, 몸으로 기도를 드릴 수 있고 가족과 함께 노래할 수 있다. 아이는 예배 안에서 훈련되고 있다.

* * *

우리의 몸은 매일 특정한 종착지, 목적을 향해 나아간다. 우리가 몸을 사용하는 방식은 우리 몸의 존재 이유를 가르쳐 준다. 우리 문화에는 이에 관한 메시지가 넘친다. 음란물과 성적 충동을 일으키는 광고의 급증은 (우리나 다른 이들의) 몸을 일차적으로 정복이나 쾌락의 수단으로 이해하도록 우리를 훈련시킨다. 우리 문화는 우리의 몸이 원래 사용하기 위한 혹은 남용하기 위한 것이라고, 아니면 반대로 숭배의 대상이라고 말한다.

만약 교회가 우리 몸의 존재 이유를 가르치지 않는다면, 분

> 만약 교회가 우리 몸의 존재 이유를 가르치지 않는다면,
> 분명 우리의 문화가 가르칠 것이다.

명 우리의 문화가 가르칠 것이다. 만약 우리가 육체를 지닌 존재로서 하나님을 예배하고 몸이라는 좋은 선물을 돌보며 그리스도인답게 사는 법을 배우지 않는다면 우리는 거짓 복음, 다른 몸의 예전을 배우게 될 것이다. 우리는 우리의 몸을 성령의 전이 아닌 우리의 필요와 욕망을 채우는 수단으로 먼저 보게 될 것이다. 아니면 우리의 몸은 완벽해야 한다고 믿으면서 약해지고 노화해 가는 현실을 피하기 위해 크림과 보톡스와 수술에 끝없는 시간과 돈을 쏟을 것이다. 아니면 원하는 대로 먹고 마시면서 그러한 선택이 우리가 선물로 받은 육신을 잘 돌보라는 부르심을 위반하든 말든 상관하지 않음으로써 몸이 있다는 사실을 아예 무시하려고 노력할 수도 있다.

체화된 예전을 실천함으로써 우리는 몸을 입고 있는 진정한 이유를 배운다. 우리 몸은 예배를 위한 수단이다.

몸을 남용하는 스캔들, 예를 들어 성적인 죄는 하나님이 우리가 몸이나 성을 즐기는 것을 원하지 않으신다는 의미는 아니다. 그와 반대로, 그것은 살아 계신 하나님을 예배하도록 의도

된 성스러운 물체인 우리의 몸이 도리어 신성 모독의 장소가 될 수 있다는 의미다.

하나님을 거역하거나 성, 젊음, 개인의 자율성이라는 거짓 신을 경배하는 데 몸을 사용한다면, 그것은 낡아 빠진 독단적 율법을 위반하는 것이 아니다. 성스러운 물체, 사실은 세상에서 가장 성스러운 물체를 그것의 아름답고 숭고한 목적을 폄하하는 방식으로 사용하는 것이다.

성경에서 성적인 죄가 스캔들이 되는 이유는 사도들이 숫기 없고 고지식하거나 몸이 더럽고 악하기 때문이 아니었다. 오히려 그들은 재미있는 무리에 가까웠다. 우리의 피부와 근육, 손과 발이 어떤 성찬식 성배나 세례반보다 거룩하기 때문이다. 몸을 바르게 사용하라는 성경의 가르침을 무시하고 우리 자신의 거짓된 예배를 위해 몸을 사용하는 일은 성찬식에서 사용해야 할 빵과 포도주를 위카(Wicca, 현대 주술과 기독교를 혼합한 이단—옮긴이) 의례에서 사용하는 것같이 거룩한 것을 남용하는 일이다.

이와 비슷하게, 몸을 소홀히 여기거나 얼굴만 쳐다보면서 주근깨 숫자를 세는 등 어떤 방식으로든 몸을 폄하하는 것은, 가장 영광스럽고 오래된 대성당보다 더 경이로운 예배 공간이자 거룩한 장소를 경시하는 것이다. 그것은 그랜드 캐니언이나 시스티나 예배당을 앞에 두고 한눈을 파는 것과 다름없다.

그러나 우리가 몸을 원래의 목적대로 사용할 때, 즉 회중 예배에서 손을 올리거나 노래를 부르고 무릎을 꿇을 때, 혹은 평범한 일상에서 잠을 자고 음식을 맛있게 먹고 뛰어오르고 등산을 하고 배우자와 성관계를 하고 기도하려고 무릎을 꿇고 아기에게 젖을 먹이고 정원의 흙을 파낼 때, 그것은 장엄한 대성당이 그것을 설계한 건축가의 꿈대로 사용되는 것과 같이 영광스러운 일이다.

내가 속한 전통에서는 성배가 깨지거나 제단포가 찢어졌을 때 쓰레기통에 버리는 대신 땅에 묻거나 태운다. 성찬식에서 사용한 와인이 남으면 마시거나 땅에 붓지 절대로 싱크대에 버리지 않는다. 이것들은 성스럽고 구별된, 조심히 다루어야 하는 물질이기 때문이다. 마찬가지로 사소하고 일상적인 유지 보수를 포함해 몸을 보살피는 일은 우리의 몸을 예배의 거룩한 부분으로 존중하는 방법이다.

* * *

신학자 스탠리 하우어워스(Stanley Hauerwas)는 하나의 이야기를 제대로 배우기 위해서는 듣는 것만으로는 충분하지 않다고 주장한다. 직접 시연해 봐야 한다. 그는 특별히 세례와 성찬식을 예로 드는데, 우리는 예배에서 우리의 몸으로 그리고 우리의 몸을 통해 복음의 이야기를 시연한다는 것이다. 하우어워스는 이렇게 쓴다. "우리는 우리의 몸과 영혼이 이야기를 바르게 듣고, 듣고 난 뒤에는 이야기를 다시 들려줄 수 있도록 하는 자세와 몸짓을 배워야 한다."

예를 들어, 바닥에 엎드리지 않고도 기도할 수 있지만, 나는 사람들이 무릎 꿇는 법부터 배우지 않는다면 교회의 제도로서 기도는 더 이상 유지될 수 없다고 생각한다. 기도하는 법을 배우려면 몸을 구부리는 법부터 배워야 한다. 기도의 몸짓과 자세를 배우는 것은 기도를 **배우는** 것과 분리될 수 없다. 참으로 몸짓이 기도다.[3]

신학교를 졸업하고 나서 참혹하게도 나는 기도를 할 수 없었다. 언제나 술술 나오던 말들이 갑자기 입 밖으로 나오질 않았다. 그해에 나는 원치 않게 이사를 했고 가까운 친구와 절교했으며 엄마가 된다는 희망이 고통스럽게 지연되는 일을 겪었다. 상처받고 슬픔에 잠긴 나는 하나님이 나를 만나 주시고 치유해 주시기를 갈망하는 내 안의 깊은 곳으로 그분을 초대하는 말을 찾을 수 없었다. 나의 언어는 나뭇가지에 슬프게 걸려 있는 바람 빠진 풍선처럼 생명력이 없었고 갇혀서 절뚝거리는 것 같았다.

그 와중에 언어로 표현할 수는 없지만, 몸으로 그리고 몸을 통해 드리는 말 없는 기도가 나의 생명줄이 되어 주었다. 단어를 찾을 수는 없지만 무릎을 꿇을 수는 있었다. 무릎을 꿇음으로써 나는 하나님께 자복했고, 고통을 견디기 위해 두 손을 들어올렸다. 그것은 말로 규정되지 않는, 옆구리에 끼고 다니던 육신의 갈망이었다. 손과 무릎과 눈물과 위를 바라보는 눈을 통해 나는 고통스러워하는 나의 몸을 올려 드릴 수 있었다. 나의 몸은 기도를 이끌었고, 나를, 나의 모든 것을, 종국에는 나의 언어까지도 기도 안으로 이끌었다.[4]

* * *

사제로서 내가 가장 좋아하는 사역 중 하나는 심방이다. 사람들이 새로운 집으로 이사하면 우리는 함께 가서 방마다 돌아다니며 그곳에 맞는 특정한 예전을 사용해 기도를 한다. 동료 사제인 피터는 몇 차례 심방을 인도했다. 그는 사람들이 화장실을 축복하기 위해 들어설 때면 모두들 바짝 주의를 기울이는 것을 느낀다고 말했다. 약간 불편해서일 수도 있다. 기도하려고 친구들과 단체로 화장실에 들어가는 일이 그리 자주 있지는 않으니까 말이다. 그러나 그는 사람들이 몸을 기울여 집중해서 듣기 시작하는 것을 느꼈다. 가장 겸손해지는 이곳에서 하나님의 임재를 구하는 것이 어떤 의미인지 궁금해하는 것이다.

그는 화장실 거울에 성유를 바르고 사람들이 거울을 들여다 볼 때마다 자신을 사랑받는 하나님의 형상으로 보게 해 달라고 기도한다. 그는 그들이 자신의 몸을 세상이 만든 범주가 아닌 그리스도 안에서 그들이 누구인지에 관한 진리를 따라 보기를 기도한다.

거울을 들여다보면서 우리의 몸에서 부족하거나 잘못되었다고 느끼는 것들을 세세히 따져 보기는 쉽다. 그러나 우리는 우리 몸을 선물로 보는 습관을 들여야 하고, 하나님이 우리를 위해 만드신 몸, 그분이 사랑하시며 언젠가 구속하셔서 온전케 하실 그 몸 안에서 기뻐하는 법을 배워야 한다. 피터는 화장실 거울을 축복할 때 어린 딸을 둔 아버지들이 울음을 터뜨리는 모습을 본다고 했다. 하나님이 딸들을 바라보듯 자신을 볼 수 있기를, 화장실 거울에 비친 자신의 모습이 그리스도 안에서 사랑받고 자유케 된 이들의 모습이기를 바라는 마음에 눈물을 흘리는 것이다.

회중 예배에서 행하는 우리의 모든 육체적 훈련, 즉 무릎 꿇기, 노래 부르기, 먹고 마시기, 일어서기, 손 들기, 몸짓으로 표현하기는 평범한 하루 동안 화장실에서 거울을 들여다볼 때도 계속된다. 매주 예배에서 사용하는 우리의 몸은 우리가 식탁으로, 욕조로, 밤마다 이불 속으로 가지고 가는 것과 동일한 몸이다.

매주 예배에서 사용하는 우리의 몸은 우리가 식탁으로, 욕조로, 밤마다 이불 속으로 가지고 가는 것과 동일한 몸이다.

세면대 앞에서 이를 닦으면서 거울에 비친 내 모습을 볼 때, 나는 그것이 축복의 행위이기를 바란다. 거기서 나는 내가 닦고 있는 그 이는 하나님이 선한 목적을 위해 만드셨고, 나의 몸은 나의 영혼과 분리될 수 없으며, 둘 다 보살핌을 받기에 합당하다는 사실을 기억한다. 육체를 입으신 예수님의 사역 덕분에 나의 몸은 구속과 영원한 예배를 위해, 영원히 뛰놀고 점프하고 빙빙 돌고 손을 들고 무릎 꿇고 춤추고 노래하고 씹고 맛보는 것을 위해 예정되어 있다.

이것은 위대한 신비다. 내 이는 영원히 있을 테고, 영원히 선할 것이다.

이를 닦을 때 나는 언젠가 불가피하게 내 몸을 장악할 죽음과 혼란을 가장 작은 방식으로 밀어낸다. 나는 먼지를 털어 내는 먼지다. 그러나 나는 먼지만은 아니다. 하나님은 흙으로 사람을 빚으실 때 우리 안에, 우리의 입술과 이 안으로 그분의 숨결을 불어넣으셨다.

그래서 나는 내 육체의 타락성에 맞서 싸울 것이다. 나는 내 몸이 거룩하며 그것을 (또한 내 주변에 있는 다른 이들의 몸을) 돌보는 일은 거룩한 행위임을 알기에, 최선을 다할 것이다. 나는 내 몸이 모든 깨어짐 속에서 사랑받고 있으며, 언젠가 부활하신 그리스도의 몸처럼 영광스럽게 되리라는 진리를 붙들 것이다. 그렇기에 이 닦기는 비언어적 기도, 장차 올 소망을 붙드는 예배의 행위다. 영광의 작은 맛보기인 민트 향 나는 내 숨결.

04 열쇠 분실

고백과 우리 자신에 대한 진실

아침 계획을 세웠다. 가게에 들러 저녁 반찬거리와 주방 세제를 산 뒤 회의에 가기로 한다.

이를 닦은 후에 조너선이 아이들을 활동수업에 데리고 가는 것을 도와준 뒤 재빨리 옷을 갈아입고 아침을 먹는다. 내가 제일 좋아하는 코듀로이 코트를 입고 컴퓨터 가방을 어깨에 둘러멘 뒤 문으로 향한다. 열쇠를 두기 위해 특별히 준비한 (청록색으로 칠한) 현관 테이블로 가서 자동차 열쇠를 집으려 한다. 말린 라벤더를 꽂아 둔 병과 우편물 더미 옆에 자동차 열쇠, 집 열쇠, 이웃집 열쇠 그리고 용도가 기억나지 않는 (혹시나 해서 계속 가지고 다니는) 다른 열쇠 몇 개가 더 달린 열쇠고리 두 개가 있어야 한다.

큐! 끼익 하는 브레이크 소리. 열쇠가 없다.

가방 옆 주머니, 어제 입었던 바지, 다시 가방을 차례로 뒤진다. 살짝 당황하기 시작한다. 코트를 벗는다. 부엌으로 걸어가 조리대를 살펴본다.

열쇠를 잃어버렸다. 열쇠와 함께 모든 균형 감각도 사라진다. 동시에 계획도 사라지고 냉정도 잃는다. 안전과 자유를 위해 사용하는, 즉 도둑을 막고 나를 목적지로 데려다 주는 이 도구가 갑자기 나를 구속하는 수단이 되어 버렸다. 꼼짝없이 발이 묶였다.

도대체 어디에 있는 거지?

나는 '잃어버린 물건 찾는 몇 단계'를 수행한다.

1단계, **논리**. 지나온 곳을 다시 살핀다. 열쇠가 있을 법한 곳을 살핀다. 심호흡을 한다. 차분하게 이성을 유지하려고 노력한다. 별일 아니다. 곧 찾을 것이다.

2단계, **자책**. 방마다 다니면서 선반과 바닥을 살펴보다가 낮은 목소리로 자책하기 시작한다. "이런 바보. 도대체 열쇠를 어디에 둔 거야? 왜 이렇게 바보 같지?"

3단계, **짜증**. 좌절한다. 저주한다. 시간이 지날수록 화가 더해 간다. 내 탓, 남 탓을 번갈아 한다. 분명 아이들이 열쇠를 가지고 놀다가 잃어버린 거야. 조녀선이 가져갔나? 그에게 메시지를 보낸다. 아무런 도움도 오지 않는다. 하나님은 열쇠가 어디 있는지 분명히 아실 텐데. 그런데 왜 도와주시질 않지? 5센티미터 금속 물체 때문에 나는 가벼운 신학적 위기를 맞이한다.

4단계, **절박함**. 열쇠가 절대 없을 법한 곳까지 모두 살펴본다. 닥치는 대로 서랍을 뒤지고 침대 밑을 들여다보고 이미 세 번이나 살펴본 바지 주머니를 투덜대며 다시 확인한다.

시간을 확인한다. 9분째다.

5단계, **마지막 몸부림**. 멈추고 기도한다. 괜찮아, 심호흡을 한다. 바보같이 굴고 있다고, 과잉 반응이라고 스스로에게 말한다. 진정하자. 얼른 하나님께 균형 감각을 되찾게 해 달라고 기도한다. 가톨릭 신자인 친구가, 무언가를 잃어버렸을 때 성 안토니오에게 기도해 달라고 부탁하라던 기억이 난다. 그래서 양말 서랍을 열면서 추가로 중얼거린다. "음, 성 안토니오, 이게 통할지는 모르겠지만 혹시라도 제 말이 들리신다면 제가 열쇠를 찾을 수 있도록 기도해 주시겠어요?"

6단계, **절망**. 나는 포기하고 소파 위에 털썩 주저앉는다. 열쇠는 절대로 찾을 수 없을 것이다. 절망적이다. 희망이 없다. 나는 끝까지, 적어도 돈을 쏟아부어 열쇠를 교체할 때까지 이 상황에 꼼짝없이 갇혀 있을 것이다. 창문 밖, 문이 잠긴 내 차 옆에는 벌거벗은 나무와 총총 뛰어다니는 참새가 있지만, 내 눈에는 보이지 않는다. 모든 것이 헛되다. 아침을 망쳤다. 바보 같은 열쇠. 바보 같은 나. 바보 같은 지구. 바보 같은 우주.

그러고 난 뒤, 약간 부끄러워지고 과잉 반응을 자책한다. 몸을 일으켜 1단계부터 다시 시작한다.

7분 뒤, 소파 밑에서 열쇠를 찾는다. 어떻게 거기 들어갔는지 도저히 모르겠다. 딱히 누구에게랄 것 없이 외친다. "찾았다!"

큐! 할렐루야 합창곡이 울린다.

나는 빠르게 움직인다. 도로로 들어선다. 슈퍼마켓은 생략하고 곧바로 회의 장소로 향한다. 잃어버린 열쇠는 그저 그날의 가벼운 사고, 대수롭지 않으며 금세 잊힐 15분간의 작은 사건으로 마무리된다.

그러나 그것은 묵시(apocalypse)이기도 했다.

묵시란 문자적으로 베일을 벗김 혹은 드러냄을 의미한다. 분노, 불평, 자책, 저주, 의심, 절망 안에서 겨우 몇 분이지만 내가 얼마나 통제력을 쥐려 하는지, 실제로는 나의 통제력이 얼마나 보잘것없는지 엿보았다. 그리고 통제력의 부재 속에서 꼼짝없이 스트레스에 사로잡힌, 숨기고 싶은 내 안의 모습들이 잠시 드러났다.

* * *

때로 일상은 순조롭다. 색종이 테이프처럼 콧노래를 부르고 충분히 즐겁고 생산적이다. 대부분 계획대로 굴러간다. 그러다 어느 순간, 색종이 테이프가 살짝 찢어지는 것 같은 작은 문제가 발생한다. 모든 것이 일순간 멈추고, 예상치 못한 윤리 이야기로 바뀐다. 통제력, 여유, 특권을 통해 예쁘게 꾸미고 관리하려고 애쓰던 궁핍함, 죄성, 신경증, 연약함이 순식간에 드러난다.

몇 주 전 일이다. 빨래 건조기, 식기세척기, 천장에 달린 선풍기가 몇 시간 안에 한꺼번에 고장 났다. 어른이 된 뒤로 빨래 건조기(빨랫줄이나 빨래방을 이용했다), 식기세척기(손으로 설거지를 했다), 천장 선풍기(에어컨이 있었다)를 거의 쓰지 않았는데 이 기계들이 동시에 고장 나자 마치 내가 우주적 제거 대상이 된 것 같았다. 나는 감정적으로 반응했다.

작은 문제가 생기면 나는 조급해지거나 어쩔 줄 몰라 한다. 혹은 슬픈 소식이나 친구에 대한 걱정으로 부담을 느낀다. 그러면 홍수로 인해 조금씩 물이 차오르듯 슬픔과 혼란이 점점 차오르다가 어느 순간 나는 무너진다. 딸들에게 조용히 하라고 소리를 지른다. 고장 난 식기세척기 문을 필요 이상으로 세게 닫는다. 한숨을 쉬며 투덜댄다. 만약 내가 사자였다면 으르렁거렸을 것이다. 지금은 그저 곰곰이 생각한다.

일상에서 예상하지 못한 순간에 드러난 내 모습은 우리 삶과 더 넓은 세계의 엄청난 고통에 비하면 하찮다. 매일같이 깊은 고통에 직면하는 사람들이 있다. 만성 통증, 마음을 찢어 놓는 상실감, 절망. 나도 한때 이런 깊은 슬픔의 시간을 보낸 적이 있다. 그러나 이것은 다르다. 사망의 음침한 골짜기가 아니다. 단지 고장 나거나 잃어버린 물건이라는 길가의 도랑, 혹은 우울한 기분이나 원치 않은 방해물이라는 길 위의 움푹 팬 구멍 정도다.

그러나 바로 이 지점이 일상에서 나 자신을 발견하는 장소이며, 구세주가 나의 사소한 화와 짜증 가운데 친히 나를 만나기로 계획하신 곳이다.

이 순간들은 성숙과 성화를 위한 기회다. 과잉 반응과 짜증 이면에는 진짜 두려움이 숨어 있다. 잃어버린 열쇠는 나 자신과 주변 사람들을 돌보는 데 필요한 일을 할 수 없을 거라는 불안을 드러내고 실패와 무능에 대한 나의 두려움을 건드린다. 고장 난 식기세척기는 '수리비가 얼마나 들까' 하는 나의 돈 걱정을 노출시키고 내가 편안함을 우상처럼 숭배하고 안락과 편리에 거짓 소망을 품고 있었음을 드러낸다. 나는 그저 내 일상이 순조롭기를 바란다.

오늘 잃어버린 열쇠는 나의 내면이 길을 잃었음을, 내가 잘못된 것에 의존했음을 드러내는 계시의 순간이 된다.

기분 좋고 화창하고 모든 것이 계획대로 이루어질 때 나는 꽤 괜찮은 사람처럼 보일 것이다. 그러나 일이 조금만 틀어지고 계획이 어그러지면 진짜 내 모습이 드러난다. 나의 틈이 드러나면 나는 내가 정말로 은혜가 필요한 사람임을 보게 된다.

그러나 정말로 중요한 것은 이것이다. 꽤 괜찮은 사람에게는 예수님이 필요 없다. 그분은 잃어버린 자를 위해 오셨다. 그분은 상한 자를 위해 오셨다. 우리를 사랑하시는 그분은 그분의 사랑과 온전함으로 우리를 안내하기 위해 오셨다.

> 자족으로의 부르심은 오늘 내가 처한
> 구체적인 상황 안에서의 부르심이다.

* * *

바울은 어떤 처지에서도 자족하라고 말한다(빌 4:11). 바울에게 이것은 배가 난파되고 매를 맞고 핍박을 당하는 가운데서도 자족하는 것을 의미했다. 그러나 어떤 처지에서도 자족할 수 있음을 증명하기 위해 배가 난파되기를 기다릴 필요는 없다. 자족으로의 부르심은 오늘 내가 처한 구체적인 상황 안에서의 부르심이다. 나는 내가 처해 있는 그 상황에서, 사소한 압박감과 신경을 곤두서게 하는 불안 가운데서 기쁨을 발견하고 절망을 거부해야 한다.

신정론(theodicy)이라는 신학 용어가 있다. 이는 능력이 많고 선하신 하나님이 어떻게 악한 일을 허용하시는가에 관한 고통스러운 신비를 지칭하는 용어다. 신정론에 대한 논의는 거대한 규모의 끔찍한 일들을 다루는 경향이 있으며 이는 합당하다. 어떻게 하나님은 전쟁, 기근, 아이들의 고통을 허락하시는가?

고통이 예리하고 깊을 때는 하나님이 나를 만나 주실 거라고 기대하고 믿는다. 그러나 평소 사소한 부딪힘에 대해서는 어쩐 일인지 그냥 화를 낼 권리가 있다고 느낀다. 현대 세계의 화와 짜증은 진정성 있고 이해할 만한 것으로 받아들여진다. 나는 지나친 낙관론자가 아니다. 배가 난파되면? 당연히 '자족' 해야 한다. 그러나 3일째 제대로 잠을 못 자고 싱크대에는 그릇이 쌓여 있다면? 자족하라는 요청은 지나친 요구다. C. S. 루이스(Lewis)의 『개인 기도』(Letters to Malcolm)에는 이런 문장이 있다. "사람들이 날씨나 온갖 불편한 일에는 불평을 늘어놓으면서, 기근이나 박해가 닥칠 때 감당할 수 있는 인내심을 달라고 구하는 것은 한마디로 '우스운 꼴'이라고 말하네."[1]

나는 전쟁으로 피폐해진 지역에서 몇 달을 보낸 적이 있다. 그런데 평범한 미국인으로 집에서 갓난아이와 걸음마쟁이와 하루를 보내던 때보다 긴장과 위험의 한복판에서 내가 훨씬 평안해한다는 것을 발견하고 깜짝 놀랐다. 나에게는 위기에 관심을 기울이고 깊은 어두움 가운데서 자비의 작은 반짝임을 구하게 하는 고통의 신학이 있었다. 그러나 나의 신학은 반복되는 일상에 와 닿기에는 너무 컸다. 나는 단조로운 일상에서는 하나님을 무시하는 습관을 키우고 있었던 것이다.

로드 드레허(Rod Dreher)는 평범한 하루에서 느끼는 절망감과 싸우는 것에 관해 이렇게 쓴다. "문제는 일상이다. 전쟁을 겪거나, 허리케인이 지나가거나, 파리에서 한 달을 보내거나, 지지

하는 후보가 선거에서 당선하거나, 복권에 당첨되거나, 정말로 원하던 것을 샀을 때 어떻게 할지 생각하는 것은 쉽다. 오늘 하루 어떻게 절망하지 않고 살아 낼지 알아내기란 훨씬 어렵다."[2]

나는 바울이 말한 대로 "무슨 일이든지 불평과 시비를 하지 [않고 할]"(빌 2:14) 자신이 도저히 없다. 좀더 자족하기를 원하거나 스스로에게 힘내라고 말하는 것으로는 충분하지 않다. 나는 슬픔, 좌절, 분노가 찾아오는 이 작은 순간들에 그리스도를 만나는 법을, 작고 우울하며 답답해 미칠 지경인 화요일 아침에 그리스도의 죽음과 부활이라는 깨어짐과 구속에 관한 큰 이야기와 마주하는 법을 연습하고 발전시켜야 한다.

그렇지 않으면 나는 핍박, 무거운 고통, 죽음으로써 그리스도의 고난에 함께 동참하기를 상상하고 기대하면서 (그리고 설교하고 가르치면서) 살 것이다. 실제로는 불평과 불만과 수준 낮은 절망에 시간을 쓰면서 말이다.

* * *

우리 중 누군가는 회개라는 단어를 들으면 특별한 감정적 경험이나 부흥 집회에서 연단 앞으로 초대할 때 부르는 단조의 찬양 멜로디를 떠올린다. 그러나 회개와 믿음은 그리스도인의 삶에서 지속되는 일상의 리듬이자 우리가 들이마시고 내쉬는 숨과 같다.

> 회개는 극적인 드라마의 한순간이 아니다. 그것은
> 그리스도와 함께하는 삶에서 꾸준히 울리는 북소리이며,
> 그러므로 그리스도 안에서의 일상이다.

내가 길을 잃었고 깨어진 존재임이 드러나는 이 작은 순간들에, 나는 나 자신을 정당화하거나 죄를 축소하기 위해 달려가는 대신 내가 누구인지에 관한 진리를 받아들이는 습관을 발전시켜야 한다. 동시에, 깨어지고 길을 잃은 존재로서 나는 그분의 자비를 다시 한번 신뢰하고, 나를 향한 그분의 용서와 죄 사함의 말씀을 받아들임으로써 하나님이 나를 사랑하실 수 있도록 해 드리는 습관을 형성해야 한다. 내가 가장 좋아하는 작가이자 음악가 중 한 명인 리치 멀린스(Rich Mullins)는 어렸을 때 매해 수련회에 참석할 때마다 교회 통로를 걸으면서 '다시 한번 거듭나거나' 자신의 삶을 그리스도께 '재헌신'했다고 말했다. 대학 시절엔 그런 일이 6개월마다 일어났고, 그다음에는 3개월마다 일어났으며, 40대가 되자 '하루에 네 번 정도' 일어났다.[3] 회개는 극적인 드라마의 한순간이 아니다. 그것은 그리스도와 함께하는 삶에서 꾸준히 울리는 북소리이며, 그러므로 그리스도 안에서의 일상이다.

우리는 매주 교회에서 함께 죄를 회개한다. 우리는 "생각과 말과 행동으로, 우리가 행한 일과 하지 않은 채 내버려 둔 일을 통해" 죄를 지었음을, 마음을 다해 하나님을 사랑하고 이웃을 우리 자신처럼 사랑하는 일에 소홀했음을 고백한다.[4] 이러한 공동체적 죄 고백의 실천은 일상의 삶을 구별해 주는 회개의 습관을 시작하는 중요한 방법이다. 그것을 통해 우리는 회개와 믿음의 언어를 함께 배운다.

죄 고백은 우리가 '꽤 괜찮은 사람'이어서 예배드리러 오는 것이 아님을 일깨워 준다. 그러나 우리는 새로운 사람들이며, 우리 자신의 모습에도 불구하고 그리스도가 행하신 일 덕분에 은혜로 구별된 사람들이다. 공동체적 죄 고백의 실천은 그리스도인의 삶에서 실패가 정상임을 일깨워 준다. 우리 각자 그리고 모두는 그냥 내버려 두었더라면 하나님의 심판을 받아 마땅한, 자격 없는 사람들로서 공동 예배에 참여한다. 그러나 우리는 혼자 내버려지지 않았다.

그리스도인의 삶에서 실패나 성공이 우리를 규정하지 않으며, 하나님 앞에서 혹은 하나님의 사람들 앞에서 우리의 가치를 결정하지도 않는다. 그 대신, 우리를 위한 그리스도의 생명과 행하심이 우리를 규정한다. 우리는 무릎 꿇는다. 함께 우리 자신을 낮춘다. 진리를 받아들인다. 고백하고 회개한다. 풍성한 자비를 받은 깨어지고 도움이 필요한 사람들로서 일상을 껴안는 태도를 훈련한다.

그러고 나면 죄 사함의 말씀이 따라온다. 놀랍지 않은가! "전능하신 하나님이 너에게 자비를 베푸시고 우리 주 예수 그리스도를 통해 너의 모든 죄를 사하시며 모든 선함 가운데서 너를 강하게 하시고 성령의 능력으로 너를 영원한 생명 안에서 지키시노라."[5] 성공회 예전에서는 하나님의 축복과 우리에게 주어지는 용서 없이 죄 고백만 하지는 않는다. 전통적 예전을 행하는 교회에서는 사제가 서서 죄 사함을 선언한다. 사제는 우리를 위한 예수님의 행하심을 통해 하나님께 자비와 용서를 구한다.

우리 교회를 방문한 내 친한 친구는 예배 중 이 부분을 염려했다. 그녀는 사제가 죄 사함을 선언한다는 점을 좋아하지 않았다. "우리는 하나님께 용서를 받는 것이지 사제에게 용서를 받는 것이 아니잖아?" 왜 중개가 필요할까? 나는 친구에게 용서는 하나님에게서 오지만, 여전히 나는 그것을 소리로 들을 필요가 있다고 말했다. 나는 내가 용서받았고 사랑받고 있음을 큰 목소리로 듣는 것이 필요하다. 너는 용서받지 못했고 사랑받지 못하고 있다는, 내 안의 목소리 없는 비난보다 더 진실하고 더 크고 더 구체적인 목소리로 말이다.

함께 죄를 고백하고 죄 사함을 받을 때, 우리는 병적이거나 신경증적인 증세 혹은 작거나 비밀스러운 죄라도 그것이 우리 자신에게만 영향을 끼치지 않음을 다시 한번 기억한다. 우리는 교회요 공동체요 가족이다. 우리는 사소한 죄가 있고 자기만의 상한 부분을 가진 개인이 아니다. 그리스도를 찾고 구하며 회개 안에서 걷고자 한다면 서로가 서로에게 절실히 필요한 사람들이다. 우리는 그리스도의 몸이자 교회로서 함께 구원을 받았다. 이 때문에 나는 하나님뿐 아니라 내가 은혜를 받는 장소, 곧 그리스도의 몸을 대표하는 사람에게서 내 죄가 사해졌다는 선언을 들어야 한다. 내 죄가 내 생각보다 더 악하지만 나는 여전히 이곳에서 환영받고 있음을 상기하기 위해서다. 나는 여전히 이 공동체로 부름받았고 사랑받고 있다.

정죄 조의 무정한 생각들은 하나님의 사랑이 내게서 멀리 있고 냉정하거나 나와 무관하다고 말한다. 그러니 나 스스로 나를 하나님과 다른 사람들에게 증명해야 한다고 말한다. 나는 고아 신세이고 사랑스럽지 않으며, 하나님은 당장이라도 나를 버리고 가실 준비가 되어 있다고 말한다. 이러한 생각은 소리가 너무 커서 나는 매주 사람의 목소리로 이것이 거짓말임을 들어야 한다. 무릎을 꿇고 이번 주에도 엉망으로 살았다고 고백할 때도, 나는 나를 위한 은혜는 여전히 충분하며 그리스도가 행하신 일은 나를 위한 것임을 나를 아는 누군가의 목소리로 들어야 한다. 낮은 목소리 심지어 침묵 속에서도 죄를 고백하는 일은 가능하다. 그러나 우리의 죄가 용서되었음을 우리에게 일깨워 주는 것은 서서 크게 외치는 소리를 통해서다. 우리는 이 외침을 분명하게 들을 필요가 있다.

* * *

하루의 이러한 순간들, 열쇠를 잃어버리고 인내심을 상실하고 사랑하는 이들에게 잔소리를 해 대고 식기세척기 문을 쾅 닫을 때, 나는 자책감이나 자기 합리화 혹은 회개로 반응할 수 있다. 함께 죄를 고백하고 죄 사함을 받을 때, 우리는 연습 경기를 하는 축구팀이나 리허설을 하는 극단과 같다. 교회로 함께 모인 우리는 인생을 사는 법을 가르쳐 주는 발차기를 함께 배우며 연습하는 중이다.

나는 죄를 고백하고 용서받는 연습을 하루 중 죄를 짓는 작은 순간들로 가져올 수 있는 방법을 찾아야 한다. 그렇게 할 때, 복음 혹은 은혜 그 자체가 나의 하루 안으로 들어오고 그 순간들은 변화된다. 그러한 순간들은 더 이상 무의미한 방해물, 치명적 실패, 길 잃음, 깨어짐이 아니다. 그 대신 그것은 구속과 기억의 순간, 나를 위해 예수님이 행하신 일에 대한 믿음 안에서 조금씩 자라 가는 순간이다.

시간이 지나면서 나는 매일 죄를 고백하고 죄 사함을 받는 훈련을 통해 일상의 틈새에서 하나님을 찾는 법을 배운다. 또한 이러한 실패의 순간들이 내가 누구인지를 드러내고 나의 거짓 소망과 거짓 신들을 드러내는 기회임을 깨닫는다. 길을 잃고 깨어진 나의 실재 안으로 참된 하나님을 초대하는 법을, 나의 죄를 인정하고 다시금 축복과 용납과 사랑의 말을 듣는 법을 배운다.

'꽤 괜찮은 사람들'이 예수님께 다가와서는 예수님이 죄인들과 어울린다고 비난했을 때, 그분은 하나님을 무언가 잃어버린 여인에 비유하셨다. 우리를 향한 하나님의 절절한 사랑은 잃어버린 동전을 찾기 위해 호들갑을 떨면서 방을 쓸고 가구 밑을 살피는 여인처럼, 품위 없고 체통이 떨어지는 일을 무릅쓴다. 하나님은 내가 열쇠를 찾을 때보다 더 간절하게 나를 찾으신다. 그분은 그분의 백성을 찾고 그들을 온전케 만드는 일에 열성적이시다.

05 | 남은 음식 먹기

말씀과 성례전,
간과된 영양 공급

나는 인스턴트 음식을 먹으면서 자랐다. 매일 아침 나는 아빠와 함께 '에고 냉동 와플'을 먹었다. 운이 좋은 날이면 하교 후 엄마가 밝은 분홍빛의 딸기 우유를 주기도 하셨다. 내가 제일 좋아하는 음식은 '크래프트 맥앤치즈'였다.

어릴 때 할머니 할아버지 집에서 옥수수 추수를 도운 뒤 저녁 식사로 산더미처럼 쌓인 버터 바른 달달한 옥수수를 실컷 먹었던 기분 좋은 추억이 있긴 하지만 그 외엔 내가 먹는 음식이 어디서 오는지 생각해 본 적이 거의 없다. 내가 먹는 음식이 환경에 끼치는 영향, 내가 먹는 토마토를 딴 사람들의 작업 환경, 우유가 분홍색인 이유는 생각해 본 적이 없다.

결혼한 지 얼마 지나지 않았을 때였다. 조너선과 나는 식품 산업 시스템을 비판하고 지역이나 집에서 직접 생산한 유기농 음식을 먹는 것을 극찬하는 마이클 폴란(Michael Pollan)과 웬델 베리(Wendell Berry)의 글을 읽었다. 우리는 아주 천천히 식생활 방식을 바꿔 나갔다. 직거래 장터에서 장을 보기 시작했고, 지역 사회의 농산물 협동조합에 가입했으며, (대부분은 실패한) 텃밭 농사도 시도했다.

나는 음식을 좋아한다. 요리도 좋아하고 먹는 것도 좋아하며 음식에 대해 책을 읽고 이야기 나누는 것도 좋아한다. 그리고 지금 나에게는 음식에 대한 원대한 이상도 있다.

내가 음식을 좋아하는 이유는 부분적으로 그것이 생명을 위해, 나의 몸과 내가 사랑하는 (그리고 먹이는) 이들의 몸을 돌보기 위해 꼭 필요하기 때문이다. 그러나 내가 음식을 좋아하는 데는 상징적 이유도 있다. 음식은 우리에게 영양분에 관해 많은 것을 가르쳐 줄 뿐 아니라 우리는 하나의 문화로서, 단순히 먹는 행위가 아닌 근본적이고도 전인적인 방식으로 영양분을 공급받는다는 것의 의미를 고민한다. 식탁에 둘러앉아 영양가 있는 음식을 먹으면서 나에게 호박을 판 아미시(Amish) 공동체 여인이나 우리 집 텃밭에서 용케 살아남은 가지 이야기 등 각 음식들이 어디서 왔는지에 대한 영양가 있는 이야기를 나눌 때 실로 기쁘다.

내 머릿속에는 이상적 식탁이 있다. 직접 재배했거나 지역에서 생산한 유기농 재료로 만든 훌륭한 음식을 두고 친구들과 가족들이 함께 둘러앉아 있고, 촛불과 웃음과 얌전한 아이들이 함께한다. 식탁에는 아름다움이 넘치고 버터가 넘친다.

그러나 많은 경우 나의 식사는 이런 이상과 다르다.

그리고 오늘, 나는 남은 음식으로 점심을 때운다.

타코 수프는 집에서 기른 것도 아니고 지역 생산물도 아니다. 캔에 든 옥수수와 콩을 도기 냄비에 넣어 만들었다. 싸고 편하기 때문에 가장 즐겨 먹고 친구들이 집에 놀러올 때 내놓기도 한다. 괜찮은, 그렇지만 약간은 지겨운 음식이랄까. 그리고 지금 나는 점심으로 먹기 위해 한 번 더 수프를 데운다.

나의 인생에서 내가 먹을 대부분의 음식이 그러하듯 이것은 필수적이고 기억에 남지 않을 음식이다.

* * *

기독교 예배는 말씀과 성례전이라는 두 가지 요소로 구성된다.

여기에서 말씀은 성경을 가리키고, 예배에서 성경을 낭독하거나 설교하는 경우를 모두 포함한다. 대부분의 개신교인에게 성례전은 세례식과 성찬식 혹은 성만찬이다.[1] 말씀과 성례전은 불가분의 관계로, 기독교 예배의 핵심이다. 성경 낭독과 설교는 성찬식의 복음 선포를 통해 성취되고 완성된다. 거꾸로 성찬식은 설교를 통해 해석되고 맥락 안에 놓인다.

그리고 말씀과 성례전은 모두 근본적으로 음식과 관련이 있다. 예배의 두 가지 중심 행위인 말씀과 성례전은 나의 일용할 양식인 타코 수프와 비교된다. 두 가지 모두 필수인 이유는 모두 우리에게 영양분을 공급하기 때문이다.

에스겔서와 요한계시록에서 우리는 하나님이 선지자에게

두루마리, 곧 그들 앞에 놓인 하나님의 말씀을 먹으라고 명령하시는 다소 충격적인 이미지를 만난다(겔 3:1-3, 계 10:9-10). 그리스도는 광야에서 시험받으실 때 우리가 빵으로만 사는 것이 아니라 "하나님의 입에서 나오는 모든 말씀으로" 살 것이라고 말씀하신다(마 4:4). 후에 바울은 하나님의 가르침을 젖과 단단한 음식에 비유한다(고전 3:2).

마지막 만찬에서 예수님은 제자들에게 자신을 기념하여 먹으라고 말씀하신다. 그분은 자신을 '기념하기' 위해 행해야 할 일 가운데서 식사를 선택하셨다. 추종자들에게 좀더 인상적이거나 신비로운 기념식을 요구하실 수도 있었을 것이다. 예를 들면 산을 오른다거나 40일 금식이나 맹렬한 집회 같은 것 말이다. 그 대신 예수님은 자신의 백성 가운데 함께하시는 통로로서 가장 일상적 행위인 먹기를 선택하신다. 예수님은 빵이 자신의 몸이요 포도주가 자신의 피라고 말씀하신다. 그분은 두드러지지 않고 평범하며 일반적이고 어디에나 있는 빵과 포도주를 선택하셨다.

N. T. 라이트(Wright)는 예수님이 죽음 직전 다락방에서 자신의 추종자들에게 대속 이론을 알려 주거나 신조를 읊거나 정확하게 어떻게 자신의 죽음이 구원을 이루는지 설명하지 않으셨음을 우리에게 상기시킨다. 그 대신 "예수님은 제자들이 행할

예식을 주셨다. 구체적으로는, 함께 나누어 먹을 음식을 주셨다. 이 음식은 그 어떤 이론보다 많은 의미를 전해 준다."[2]

지구상의 모든 대성당이 사라지고, 가장 영광스러운 예술 작품이 모두 유실되고, 가장 진귀한 보물을 모두 버린다 해도, 그리스도인은 여전히 성경과 성찬을 중심으로 예배드릴 수 있고 예배드릴 것이다. 교회가 되기 위해 우리에게 필요한 것은 오직 말씀과 성례전이다.

그리고 말씀과 성례전은 모두 자신을 생명의 빵이라고 부르신 예수님의 선물이다. 하나님의 말씀과 하나님의 백성이 먹을 양식은 말씀이신 동시에 빵이신 그리스도의 임재를 지시하고 분명히 드러내도록 의도되었다. 요한복음 6장에서 예수님은 청중을 향해, 그들이 아버지에게서 그들의 일용할 양식, 곧 만나를 선물로 받았지만 그것이 그들에게 영적 양분을 공급하기에 부족했음을 상기시키신다. 여전히 그들은 죽었다. 그러나 예수님은 "하늘에서 내려오는 빵"을 먹는 자는 영원히 배부르며 죽지 않을 것이라고 약속하신다. 그런 뒤 제자들을 경악하게 하는 말씀을 하시는데, 바로 자신의 몸이 하늘의 빵이요 그것을 그들의 "참된 양식"으로 먹으라는 것이었다(요 6:55).

그리스도는 우리의 빵이시며, 또한 우리에게 빵을 주신다. 그분은 선물이신 동시에 선물을 주시는 분이다. 하나님은 우리에게 일용할 양식을 주시지만, 우리가 먹는 그 양식은 궁극적으로는 부분적이고 불충분하다. 하나님은 우리의 참된 양식, 영원한 양분이신 그분께 우리의 눈길이 향하게 하신다.

* * *

타코 수프를 먹기 전 짧게 고개를 숙여 하나님께 감사를 드린다. 식사를 하기 전 감사한 마음으로 잠깐 멈추는, 많은 생각 없이도 나올 만큼 몸에 밴 매일의 의례다. 그러나 이 기도 습관은 그날 하루와 그 안에 포함된 모든 것을 선물로 받으라고 나를 일깨운다. 노먼 워즈바(Norman Wirzba)는 그의 책 『음식과 신앙』(Food and Faith)에서 말한다. "식사 전 감사 기도를 하는 것은 가장 고차원적이고 가장 정직한 우리 인간성의 표현 중 하나다.… 여기 식탁에 둘러앉아 여러 증인 앞에서 우리는 생명을 누리는 것이 우리가 받은 그리고 우리에게 또 한 번 주어진 값진 선물임을 증언한다. 우리는 우리가 혼자 사는 것도 아니고 혼자 살 수 있는 것도 아니며 은혜 위의 은혜라는 자비와 신비의 수혜자임을 인식한다."[3]

대학을 다닐 때 줄담배를 피우는 프란체스코회 수사를 친구로 사귀었다. 어느 날 나는 그에게 어떤 사람에게서 부담될 정도로 값비싼 선물을 받는 것에 대해 물었다. 선물을 거절해야 하는지, 불필요한 사치품을 받는 것이 잘못인지 물었다. 나는 프란체스코회 수사인 그가 단순함을 지향하고 사치를 지양하는 쪽을 권할 거라고 예상했다. 그러나 그는 누가복음 10장(그리고 프란체스코회 규율)을 인용하면서, 성 프란체스코(Saint Francis)라면 "네 앞에 주어진 것을 먹으라"고 대답할 거라고 말했다.[4] 그는 내게 신뢰와 감사로 하나님과 다른 이들에게서 받는 법을 배우는 것이 필요하다고 말했다.

식사를 하기 전 잠깐 멈추는 이 순간은, 과할 정도의 풍성함이든 힘든 고난이든 아니면 그저 지겨운 남은 음식 한 그릇이든 내 앞에 주어진 것을 먹는 법을 배우고 오늘 나에게 선물로 주어진 영양분을 받아들이기 위한 준비운동이다.

* * *

기억에 남는 정말로 훌륭했던 몇 번의 식사와 정말로 끔찍했던 몇 번의 식사가 있다. 그러나 수천 번 수만 번 먹은 대부분의 식사는 말 그대로 평범했다. 3주 전 점심으로 무엇을 먹었냐고 묻는다면, 나는 대답하지 못할 것이다. 그렇지만 그렇게 쉽게 잊히는 보통의 식사가 나에게 영양분을 공급했다. 기억에서 지워진 수천 번의 식사가 오늘의 나를 있게 했다. 그 식사가 나의 생명을 유지시켜 주었다. 그것이 나의 일용할 양식이었다.

우리는 지속적으로 영양을 공급받아야 하고 보통 타코 수프와 같은 음식으로 영양을 채운다. 그것은 풍성하지만 간과된다.

내가 속한 복음주의 하위문화는 흥분, 열정, 위험, 일종의 격렬한 감정을 불러일으키는 예배에 초점을 맞추는 경향이 있다. 유진 피터슨(Eugene Peterson)은 이러한 영적 강렬함의 추구를 "우리 세상에서 종교적 경험을 위한 [소비자 주도의] 시장"이라고 부른다. 그는 이렇게 말한다. "인고의 덕을 쌓으려는 열정은 고갈되어 버린 것 같다. 초대 교인들이 거룩이라 칭한 오랜 수도를 하겠다고 서원하는 사람도 거의 없다. 이 시대의 종교는 관광객의 구미에 맞아야 한다.… 새로운 인물, 새로운 진리, 새로운 체험을 만나 어떻게든 지루한 삶의 반경을 넓히려 한다."[5]

이 시대의 우리 복음주의자들은 이것을 정직하게 받아들인다. 많은 면에서 아름답지만, 시장 주도의 종교 체험이라는 개념에 따라 형성되고 만들어진 신앙을 우리는 물려받았다. 역사학자 해리 스타우트(Harry Stout)는 미국의 초대 복음주의 설교자 중 한 명인 조지 휘트필드(George Whitefield)에 대해 이렇게 말했다. "자선 활동, 설교, 저널리즘을 동시에 행했고… 이는 강력한 구성 조건을 이루었다. 즉 종교를 위한 새로운 시장을 창출할 수 있는 유명 종교 인사가 탄생한 것이다."[6] 이러한 시장 주도형 신앙에서는 강력하거나 황홀한 종교적 체험이 강조되고 심지어 때로는 계획되기도 한다. 미국의 초기 복음주의자 로렌조 다우(Lorenzo Dow)는 의자를 내려치거나 설교 중 결정적 순간에 맞춰 트럼펫을 불게 했다. 찰스 피니(Charles Finney)의 설교는 어떤가. "지옥에 있는 죄인들이 화염으로 고통당하는 장면을 생생하게 묘사하고 청중으로 하여금 그것을 직접 보게 될지도 모른다고 상상하게 만들었다."[7]

예배의 초점이 우리에게 영양분을 공급하는 것, 말하자면 말씀과 성례전에 맞춰지는 대신 흥분, 모험, 흥미진진하거나 충격적인 영적 경험 등을 파는 것으로 옮겨 갔다. 개별적 예배 경험, 하나님과의 만남에 대한 주관적 인식이 그리스도인의 삶의 핵심이 되었다.

그리스도인의 삶과 회중 예배에는 분명 영적 황홀경을 경험하는 순간이 있다. 강력한 영적 경험이 찾아올 때 그것은 선물이다. 그러나 그것이 기독교 영성의 핵심이 될 수는 없다. 몇 년 전 보스턴의 노스 엔드에서 먹었던, 잊을 수 없는 맛의 파파르델레 파스타가 식사의 핵심이 될 수 없는 것과 같다.

말씀과 성례전은 나의 삶을 유지시켜 주지만, 때로 내 삶을 변화시키는 것처럼 보이지는 않는다. 그것은 조용히, 기억에 남지 않는 방식으로 나를 먹인다.

개인 성경 공부를 할 때든 회중 예배에서든 성경을 접할 때, 설득력 있고 잊히지 않는 경우가 있다. 어떤 설교는 우리에게 큰 영향을 끼치고 변화를 주어 항상 인용하거나 듣게 된다. 그러나 눅눅한 빵처럼 성경이 그리 맛있어 보이지 않을 때도 있다. 지루하거나 헷갈리거나 의심이나 거부감이 생긴다. 답보다 질문이 더 많아서 성경을 멀리할 때도 있다.

C. S. 루이스의 『나니아 연대기』(Chronicles of Narnia)에 나오는 난쟁이족이 그들 앞에 맛있는 성찬이 차려져 있는데도 저주 때문에 그것을 역겹고 전혀 먹음직스럽지 않으며 심지어 독이 든 음식으로 착각하는 것과 같다.[8]

말씀이 혼란스럽거나 건조하거나 지루하거나 그다지 매력적으로 다가오지 않을 때 우리는 어떻게 반응해야 할까?

우리는 언제라도 먹는 행위를 통해 영양을 공급받는다. 또한 늘 듣고 배우고 일용할 양식을 얻는다. 우리는 일상을 유지하는 데 필요한 것을 하나님이 주시기를 기다린다. 이 예배의 삶 가운데 우리 눈이 아직은 보지 못하거나 우리 배가 아직은 소화시키지 못할 훨씬 더 큰 경이로움이 있다는 사실을 우리는 알고 있다. 오늘도 우리는 선물로 주어진 하루를 받는다.

* * *

남은 음식을 통해 나는 상상할 수 없는 풍요로움에 둘러싸인다. 여기 식탁 위에 놓여 있는 타코 수프는 김이 모락모락 나는 놀라운 특권의 상징이다. 다 먹지 못할 만큼 많은 타코 수프. 내가 그 과정을 완벽하게 설명할 수는 없지만 인간이 전기를 발견했고 또 코일을 타고 흐르는 테트라플루오로에탄 압축 가스가 음식을 최대한 오래 보관할 수 있는 적정 온도를 유지해 준다는 것을 알아냈기 때문에 며칠 동안 보관할 수 있었던 수프.

이 풍요로움, 곧 양도 많고 종류도 다양한 음식과 그것을 며칠씩 보관할 수 있는 능력은 역사상 전 세계 가장 많은 사람을 놀라게 할 것이다. 그러나 나는 내 앞의 경이를 보고도 둔감하다. 나는 이 영양분을 당연시한다.

식사 전 기도하는 습관은 세상 안에서 존재하는 방식을 훈련시켜 준다. 이 습관은 무언가를 두고 그것이 은혜와 경이인지 아닌지 결정하는 것은 개인적 경험이 아님을, 가장 놀라운 선물은 때로 가장 쉽게 간과됨을 일깨워 준다.

* * *

기억에서 잊힌 이러한 식사들이 나를 만들고 형성한다. 밀가루를 더 이상 먹지 않거나 채식주의자가 되거나 건강한 식단으로 식사를 시작하는 것과 같이 식습관을 바꿔 본 경험이 있는 사람은 식사를 거듭할수록 그 습관이 우리를 형성한다는 사실을 안다. 이와 동일하게, 말씀과 성례전은 거의 느끼기 힘든 방식으로 나를 형성한다. 이것은 시간이 흐를수록 진리에 대한 나의 미각을 발달시킨다. 최상의 경우, 회중 예배는 나를 영적 경험의 소비자가 아닌 『성공회 기도서』의 표현대로 "영적 양식을

공급받는" 사람으로 만든다.⁹

대학 시절 나는 라면을 좋아했다. 엄청나게 형편없고 싸다는 사실 외에도 라면을 좋아한 주된 이유는 기숙사에 요리를 할 수 있는 부엌이 없었기 때문이다. 우리는 우리의 모든 식사를 '구덩이'에서 구해 내야 했는데 구덩이는 구내식당의 매력적인 별명이었다. 다행히 룸메이트 젠에게 있던 캠프용 버너 덕분에 일본 마루찬 라면의 마법으로 우리는 기숙사 방에서 점심을 해결할 수 있었다. 젠의 간이침대에서 컵라면을 먹는 것은 우리의 일과였다. 이 식사는 젠과 나누는 좋은 대화를 제외하고는 영양가라고는 거의 없었지만, 충분한 포만감을 주었고 캠퍼스를 가로질러 힘들게 걷지 않아도 됐다. 게다가 일단 한번 라면을 먹기 시작하면 멈추기가 어렵다. 중독되기 때문이다.

습관은 우리의 욕망을 형성한다. 나는 영양가 있는 좋은 음식보다 라면이 더 먹고 싶었다. 오랜 시간 나 자신에게 다른 것이 아닌 특정한 음식에 식욕을 느끼도록 가르쳤기 때문이다. 이와 마찬가지다. 나는 교회의 실천들을 통해 삶의 모든 것을 선물로 받아들일 수 있는 예배자로 형성될 수도 있고, 그저 소비자 심지어 영성의 소비자로 형성될 수도 있다. 현대 교회는 종종 '라면' 영성을 내놓는다. 믿음은 소비하는 제품이 된다. 즉, 우리에게 요구하는 것은 거의 없고, 우리의 가치를 인정해 주고 우리의 필요를 채워 주겠다고 약속한다. 그러나 결국 그 것은 영양가 없는 음식으로 배만 불리는 미봉책일 뿐이다.

* * *

산업계는 이 타코 수프가 그저 수프일 뿐이라고, 곧 단순한 상품이자 소비를 위한 제품일 뿐이며 윤리라든지 인간으로 사는 것이 무엇을 의미하는지와는 별 상관없다고 내가 믿기를 원한다. 이런 방식의 식사는 내가 먹는 음식이 어디서 오는지를 잊게 만들고, 음식과 땅의 연관성 및 기르고 추수하는 사람들과의 연관성을 무시하게 만든다. 이 수프가 상징하는 사람과 동물의 희생을 나는 못 보는 것이다.

내가 백 년 전에 이 수프를 먹었다면 이 수프는 내가 직접 경작한 땅에서 혹은 내가 알고 대화를 나누고 함께 살아가는 농부를 통해서 나에게 왔을 것이다. 이런 종류의 고정된 공동체와의 상거래는 우리가 감사를 표해야 할 이들, 곧 우리의 이웃과 땅 그리고 궁극적으로는 하나님과 우리를 연결해 준다.

그러나 지금 타코 수프는 익명의 소비재일 뿐이다. 겉으로 보면 마법처럼 내 식탁에 도착한 것 같다. 이러한 익명성은 감사할 줄 모르게 만든다. 우리는 감사를 표해야 할 농부와 추수한 이들을 기억하지 않는다. 수확을 주신 하나님의 자비를 생각하지 않는다.

익명성과 감사를 모르는 마음에는 불의가 따라온다. 전 지구적 자본주의와 다국적 기업이 존재하는 복잡한 세상에서 우리가 소비하는 대부분의 물건과 마찬가지로, 나는 옥수수와 콩을 구입함으로써 나도 모르는 사이에 내가 알지 못하고 수긍하지도 않을 구조적 불의, 착취, 환경 파괴에 개입하고 있다. 나는 내가 먹는 수프에 들어 있는 양파가 어디서 왔는지, 양파를 수확한 일꾼들이 어떤 대우를 받는지 알지 못한다. 내가 먹고 있는 이 남은 음식은 오늘 자녀에게 점심을 먹일 형편도 안 되는 사람에게서 왔는지도 모른다.[10]

소비주의 문화가 나로 하여금 믿게 만드는 것들에도 불구하고, 내가 먹는 이 남은 음식은 신학적으로 가치 중립적이지 않다. 이 수프는 우리의 '전 지구적 신학'의 생산물이다. 아이라 잭슨(Ira Jackson)은 이렇게 말한다. "우리에게는 윤리와 성경이 없는 전 지구적 신학이 있다. 그것은 오직 부의 창출과 자본의 효율적 배분에 대한 승인 설명서만 제공한다."[11] 이 수프에 들어 있는 콩과 옥수수와 양파를 판매한 기업들은 나를 소비자로만 명명한다. 우리는 철저한 거래 관계다. 나는 생활을 위해 특정 상품과 서비스가 필요하고, 그들은 이윤을 위해 그것을 제공한다.

말씀과 성례전이 중심을 이루는 기독교 예배는 나의 정체성의 핵심이 소비자가 아님을 일깨워 준다. 나는 하나님을 알고 기뻐하고 영화롭게 하기 위해 그리고 주변 사람들을 알고 사랑하기 위해 지어진 예배자이며 하나님의 형상을 지닌 존재다. 이 익명의 강낭콩은 살아가기 위해 물건을 사는 것이 가장 중요하다고 말한다. 그러나 하나님은 이 콩을 수확한 이들을 아시며 정의에 관심을 기울이신다. 그리고 하나님은 우리를 단지 소비자가 아닌, 가꾸고 돌보며 축복하는 존재가 되게 하려고 지으셨다.

* * *

성만찬(Eucharist)의 문자적 의미는 '추수 감사'다. 성만찬은 교회의 추수 감사 잔치고, 점심 시간에 내가 하는 감사 기도는 바로 이러한 공동체적 감사의 실천에서 흘러나온다. 함께 모여 그리스도의 삶과 죽음과 부활을 감사하며 나누는 식사, 곧 성만찬을 통해 우리가 먹는 매끼의 간소한 식사는 수프에서 구원에 이르기까지 삶의 모든 것을 우리가 은혜로 받음을 기억하는 순간으로 바뀐다. 이처럼 매일의 작은 순간들은 성례전적(sacramental)이다. 그 자체가 성례전이라는 것이 아니라, 하나님은 우리가 거하는 흙으로 이루어진 물질세계 안에서 그리고 물질세계를 통해서 우리를 만나신다는 의미다.

성만찬은 우리를 개인주의적 소비자에서 그리스도의 형상

내가 이 수프를 만드는 습관은
청지기와 예배자로서 형성된 내가 아니라,
소비자로서 형성된 나의 모습에서 비롯했다.

을 세상에 함께 드러낼 능력을 지닌 사람들로 재조정해 주는, 심오한 의미를 지니는 공동체의 식사다. 물론 먹는 행위 자체는 우리 중 누구도 스스로의 힘으로 살아갈 수 없음을 일깨워 준다. 우리가 숨을 쉴 수 있는 이유도 누군가 우리에게 음식을 제공해 주기 때문이다. 우리는 굶주린 상태로 태어나고 우리의 필요를 채워 줄 누군가에게 절대적으로 의존한다. 이런 식으로, 먹는 행위는 우리의 초점을 개별적이고 독립적인 존재에서 상호 의존적인 존재로 옮겨 준다. 그러나 성만찬은 여기서 한 걸음 더 나아간다. 우리는 성만찬에서 그리스도를 마음껏 먹고 마시며 그렇게 함으로써 한 몸, 즉 그리스도의 몸으로 함께 신비롭게 지어져 간다.

영양분은 언제나 생물학적 양분 이상의 의미를 지닌다. 우리는 공동체를 통해 영양분을 얻는다. 감사를 통해 영양분을 얻는다. 정의를 통해 영양분을 얻는다. 이웃을 알고 사랑할 때 영양분을 얻는다.

음식을 소비재로만 보고 우리 자신을 소비자로만 볼 때, 전인적 영양 공급은 부차적 일이 된다. 식사란 편리하고 싸고 양이 많으며 요구하는 바가 거의 없어야 한다는 것이 일차적 관심이 되는 것이다. 내가 이 수프를 만드는 습관은 청지기와 예배자로서 형성된 내가 아니라, 소비자로서 형성된 나의 모습에서 비롯했다.

자유 시장 경제가 특정 종류의 풍요를 생산해 낼 수는 있다. 그것은 내게 필요 이상의 많은 수프를 준다. 그러나 이는 다른 이들을 노예적 노동에 예속시키고 땅을 오염시키는 대가로 주어지기 때문에 거짓 풍요다.

소비주의라는 '전 지구적 신학'은 먹는 방식과 예배하는 방식을 모두 변화시켰다. 복음주의자들이 예배에서 특정한 감정적 경험을 추구하는 것과 자본주의자들이 익명의 값싼 캔 제품을 추구하는 것에는 공통점이 있다. 두 가지 모두, 개별 소비자인 내가 무엇을 얻을 수 있느냐에 가장 큰 관심을 둔다.

그러나 성찬식의 경제학은 자신을 비우는 예배의 삶으로 나를 부른다.

우리는 교회와 일상의 삶 모두에서 우리를 단순한 소비자로 만드는 행위들을 경계해야 한다. 개인적 자기 성취와 행복에 이르는 길로 포장된 영성은 서구식 소비주의에 잘 들어맞는다. 그러나 말씀과 성례전은 함께 생명의 빵을 먹고 구속의 청지기로 보냄을 받은 사람들이 되도록 우리를 재조정한다. 우리는 우리를 위해 쏟으신 그리스도의 생명을 기억하고 재연하며, 그럼으로써 다른 사람을 위해 우리의 삶을 쏟는 사람들로 변화된다.[12]

우리는 소비 습관에 따라 형성된다.

그리고 현대 미국에서의 이런 일상적 형성은 말씀과 성례전 안에서 형성되는 우리와 자주 부딪힌다. 참된 생명의 빵, 그 대안적 경제 안에서 우리는 완전히 변화된다. 이를 통해 우리는 결핍을 채우고 이익을 위해 투쟁하는 사람이 아닌, 참된 영양분을 공급받아 다른 사람들에게도 영양분을 전할 수 있는 새로운 사람이 된다. 성찬식의 경제는 참된 풍요다. 내가 충분한 이유는 다른 사람들이 갖지 못했기 때문이 아니라, 우리가 공동체로서 그리스도를 함께 받기 때문이다.

말씀과 성례전-성경과 성찬식-은 내가 주중에 먹는 남은 음식을 변화시킨다. 의식 없는 소비자에서 성찬식의 상호 의존성과 감사가 가능한 사람으로 변화시킨다. 남은 음식 그리고 삶의 모든 것을 선물로 받아들이도록 가르친다.

또한 말씀과 성례전은 나의 식사에 대한 평가이자, 평범한 일상에서 내가 영속시키고 있는 결핍과 불의의 시스템을 회개하도록 요청한다. 이웃을 더 잘 알고 사랑하며 섬길 수 있는 새로운 존재 방식과 새롭게 먹는 방식을 익히라고 요청한다. 예배의 풍성한 경제 안에서 넘치도록 채워지고 더 채워질 것을 알기에 다른 이들을 위해 나를 비우라고 도전한다. 그리스도 안에는 우리 모두가 먹고 남을 만큼 언제나 충분한 양이 있을 것이다.

06 남편과의 다툼

평화의 인사 건네기,
평화를 이루는 일상의 일

낮에 무언가 가지러 집에 들른 조너선과 다투었다. 나는 이것을 논쟁이라 부르고 싶지만, 이 단어는 어떤 사안에 대해 서로 의견이 달라서 차분하게 토론한 것인 양 너무 이성적으로 들린다. 논리적이고 합리적이면서 침착한, 전문 부부 상담사가 뿌듯함을 느낄 말 같다.

하지만 전혀 그렇지 않았다.

대부분의 경우―이번에는 딸의 교육 문제였다―정말로 그 자체가 문제라서 논쟁하는 것이 아니다. 우리는 우리의 두려움, 불안, 정체성, 소망을 두고 논쟁한다. 우리는 어떤 방식으로 딸을 사랑할지에 대해, 아이에 대한 책임과 그것을 감당할 수 있는 능력 사이의 (섬뜩한) 간극을 어떻게 느끼는지에 대해 논쟁하고 있었다. 우리는 우리의 현실적 한계와, 깨어진 이 세상에서 심지어 깨어진 우리 가정에서 아이가 겪어야만 할 어려움에서 아이를 구해 주지 못하는 우리의 무능을 슬퍼하고 있었다.

그리고 우리는 날카로운 어투, 누가 누구의 말을 끊었는지, 얼마나 자주 그러는지, 어제 남편이 지나가는 투로 던진 말, 오늘 아침 나의 표정 등에 대해 논쟁을 벌이고 있었다.

가정생활에서 반복되는 이러한 행동 양식은 인내심을 가지고 부드럽고 친절하게 대하지 못하도록 만든다. 나는 당신이 오늘 하루 바닥에 셔츠를 던져 놓아서 화가 난 것이 아니다. 당신이 3백 번은 바닥에 셔츠를 던져 놓았기 때문에 화가 난 것이다. 혹은 좀더 쓰라린 예로, 나는 오늘 당신이 나를 비판해서 화가 난 것이 아니다. 비판의 패턴, 즉 스치듯 건네는 말 한마디가 나의 죄와 상처와 자기 방어의 패턴과 언제나 마찰을 일으키기 때문이다.

오늘의 다툼이 결혼 생활의 위기는 아니다. 심각한 배신이나 거짓말이나 스캔들은 없었다. 이 다툼은 우리의 방관하에 계속 쌓여 온 일종의 습관적 분노 때문에 생긴 엉덩이 밑 가시 같은 것이다. 우리는 대수롭지 않은 문제로 시작한다. 나는 큰 소리로 짜증을 내고 그는 이를 무시한다. 내가 너무 자주 큰 소리로 짜증을 내다 보니 이런 과정이 일종의 패턴이 되었기 때문이다. 그러면 나는 빈정거리는 투로 말을 하고, 상황은 점점 악화된다. 결국 누군가 혹은 양쪽 모두 소리를 지르고 방을 나가 버린다.

감사하게도 우리 집은 별로 크지 않다. 다시 말해 서로에게서 멀리 벗어날 수 없다. 그러니 우리는 신경전을 벌인다. 나는 큰 소리로 한숨을 쉰다. 그는 컴퓨터를 켠다. 누가 먼저 칼을 내려놓나 지켜보면서 기다린다. 칼을 내려놓는 데는 큰 용기가 필나는 남편에게 고함을 지르는 평화주의자다.

요한데, 그 순간만큼은 그에게도 나에게도 이런 용기가 없다. 그래서 우리는 돌처럼 입을 꾹 다물고 있다.

* * *

사실 나는 누구와도 잘 어울린다. 보통 갈등은 내가 가장 사랑하는 사람들과의 관계에서 발생한다. '네 이웃을 사랑하기' 위한 싸움을 해야 하는 시험은 대부분 집에서, 남편과 아이들과의 사이에서, 내가 피곤하거나 두려움을 느끼거나 낙심하거나 컨디션이 별로이거나 혹은 그냥 혼자 있고 싶을 때 일어난다.

나는 20대의 대부분을 급진적이고 혁신적인 신앙을 중요하게 생각하는 복음주의 운동을 하며 보냈다. 세상을 바꾸고 싶었고, 적어도 아주 조금이라도 바꾸고 싶었다. 정의를 추구하고 '지극히 작은 자'를 섬기는 공동체의 일원이 되고 싶었다. 그러한 사역에 끌렸던 이유는 말씀이 분명하게 이를 가르친다는 점 외에도, 하나님의 샬롬(shalom)에 대한 열망과 비전 때문이었다. 샬롬은 많은 것을 담고 있는 단어로, 모든 것을 강렬하게 사로잡고 모든 것을 구속하시는 하나님의 평화를 의미한다. 하나님이 온전하게 예배를 받으시고, 인간이 사랑과 자비와 관용을 베풀고, 구조적 불의가 타파되고, '억눌린 자가 자유케 되는' 나라를 향한 소망은 상상할 수 없을 만큼 아름다워 보였고 내 마음을 매료시켰다(지금도 그렇다). 그래서 나는 노숙인들을 도왔고 몇몇 기독교 공동체에서 잠깐씩 지냈으며, 교회에서 중상류층 신자들을 가난한 사람들과 연결해 주는 일도 했다. 도로시 데이(Dorothy Day)와 성 프란체스코의 삶과 글에 푹 빠졌고, '가난한 이들 중에서도 가난한 이들'을 돕기 위해 해외로 가고 싶었다.

나이가 들고 아내와 엄마가 된 지금도 하나님 나라의 빛나는 비전은 여전히 나를 강렬하게 사로잡는다. 그러나 내가 샬롬의 아름다움이나 세상 속으로 침투하는 그리스도의 평화 사역과 같은 큰 이념을 표방한다 할지라도, 나는 종종 가장 사랑하는 사람들과 사소한 다툼과 논쟁을 온종일 벌이고 있는 나 자신을 보곤 한다. 나는 남편에게 고함을 지르는 평화주의자다.

워터딥(Waterdeep) 밴드의 어떤 노래는 이렇게 시작한다. "너는 전쟁을 싫어한다고 말하지. 그런데 너 자신의 평화로운 시간은 어디 있니?"[1] 나는 정의와 진리라는 큰 이념에 사로잡힐 수는 있어도 정작 주변에 친절과 용서와 은혜를 베풀 수 있는 작은 기회들은 소홀히 여긴다.

C. S. 루이스의 『스크루테이프의 편지』(The Screwtape Letters)

에서 선임 악마 스크루테이프는 후배 악마에게 어떻게 하면 사람들의 관계를 망가뜨릴 수 있는지 지도한다. "가장 기본적인 의무는 등한시한 채 가장 어렵고 영적인 의무에만 마음 쓰게 하거라. 명백한 것을 무서워하며 소홀히 여기는 인간의 특성은 정말 쓸모가 있지. 그걸 더 강화시키거라."[2] 그는 이어서 말한다. "내가 맡은 환자 중에는 아내나 아들의 '영혼'을 위해서는 열렬한 기도를 쏟아 놓다가도, 진짜 아내나 아들에게는 기도하던 그 자리에서 곧바로 욕설과 폭력을 서슴지 않는, 무척 길이 잘 든 인간들이 있었다."[3]

스크루테이프의 영향력 아래 놓인 이들처럼 나 역시 자주 명백한 사실을 간과하고 가장 가까운 이들을 돌보는 일을 소홀히 하면서도 세상을 위한 급진적 사랑을 부르짖는다.

그러나 세상 속에서 하나님의 평화와 선교를 추구하는 일은 내가 있는 곳, 나의 집, 나의 동네, 나의 교회에서 바로 내 옆에 있는 사람들과의 관계에서 시작되어야 함을 나는 조금씩 깨닫고 있다.

* * *

일요일 아침 교회에서 우리는 성찬식 직전 평화의 인사를 나눈다. 내가 방문했던 대부분의 교회들에서 이 시간은 무질서해 보였다. 성도들은 서로 마주보면서 "그리스도의 평화가 당신과 함께하기를", "주님의 평화", "안녕하세요", "저는 짐이라고 합니다"라는 말을 건넨다. 아이들은 예배당 안을 뛰어다닌다. 사람들은 이야기를 나눈다. 시끄럽다. 회중이 예배당 여기저기를 걸어 다닌다. 사교성 강한 사람들은 웃으며 돌아다니고, 나머지 사람들은 무엇을 해야 할지 잘 몰라서 그저 이 시간에 익숙해지기를 기다리며 어색하게 자리를 옮겨 다닌다.

평화의 인사를 건네는 순서는 설교와 성찬식 사이, 말씀과 성례전 딱 중간에 있다. 선포되는 말씀을 듣고 난 뒤, 그리고 심오한 신비를 담고 있는 거룩한 양식을 먹기 전, 우리는 잠시 멈추고 모든 사람이 자유롭게 돌아다니게 해 준다.

이러한 타이밍은 실수가 아니며 예전 계획을 엉망으로 세운 탓도 아니다. 사람들에게 다리를 펴고 화장실에 다녀올 시간을 주기 위해 포함시킨 것도 아니다. 평화의 인사를 나누는 순서가 거기에 들어가 있는 데는 신학적 이유가 있다. 성찬식으로 나아오기 전, 그리스도의 몸과 피를 받기 전, 우리는 바로 옆에 있는 그리스도의 지체들에게 능동적으로 평화를 전한다. 이웃과 더불어 화평을 누릴 때만 평화의 왕자인 그분의 식탁에 나아갈 수 있는 실재를 예전으로 실행하는 것이다.

평화의 인사를 건네는 이러한 실천은 교회가 시작될 때부터 — 우리의 초기 기독교 형제자매들은 악수를 하거나 어색하게 살짝 껴안는 정도로 만족하지 않았다. 그들은 서로 입을 맞추었다―기독교 예배의 일부였고, 이는 부분적으로 식사 전 입을 맞춤으로써 손님을 맞이하는 고대의 유대 관습에서 온 실천이었다.[4] 초기 그리스도인들은 평화의 인사가 단순한 형식이 아닌 실제적 화해의 시간이 되기를 바랐고, 그리하여 3세기 동방 교회에서는 평화의 인사를 나눌 때 한 부제(副祭)가 자리에서 일어서서 "우리 중 이웃에게 여전히 거리낌을 느끼는 사람이 있습니까?"라고 외칠 정도였다.[5] 초기 그리스도인들은 마태복음 5장에 나오는 예수님의 가르침, 즉 제단에 나아가다가 형제가 자신에게 원한을 품고 있는 것이 생각나거든 하나님께 제물을 드리기 전에 가서 그 형제와 먼저 화해해야 한다는 말씀을 진지하게 받아들였다.

따라서 평화의 양식을 먹기 전, 우리는 가장 가까운 곳에 있는 이들에게 평화를 전한다. 조너선과 나는 한 번 이상은 평화의 인사를 나누는 시간에 밖으로 나가 교회에 오는 도중 우리가 벌인 논쟁에 대해 길게 이야기를 나누어야 했다.

언젠가 개신교 목사인 내 친구는 나에게 말했다. 네 살짜리 내 딸이 평화의 인사를 나눌 때 그 아이 안에 특정한 세계관이 형성된다고 말이다. 아이는 평화를 전하는 것이 예배에서 핵심이며, 하나님을 예배하는 것은 이웃과 화평을 이룸으로써 하나님 나라의 샬롬을 추구하는 것과 뗄 수 없이 연결되어 있다는 진리를 실천하게 된다. 교회 공동체를 통해 내 딸은 평화를 이루는 자로 훈련받는 것이다.

평화의 인사를 건넬 때, 우리는 어떻게 매일 선교적 신자로서 살아갈지 시연한다. 20세기 성공회 수도사이자 사제인 돔 그레고리 딕스(Dom Gregory Dix)는 평화의 인사를 건네는 것은 "하나님 앞에서 교회 지체들의 그리스도인으로서의 생활 전체를 표현하는 엄숙한 행위"라고 썼다.[6]

우리가 나누는 평화의 인사는 대부분 눈에 잘 띄지 않는 작은 순간들을 통해 우리의 일상 안으로 들어온다. 우리 삶의 상수들이자 가구 같은 사람들—부모님, 배우자, 아이들, 친구, 적, 매주 커피를 기다리며 수다를 떠는 바리스타, 부산스러운 아이를 데리고 우리 뒤에서 예배를 드리는 사람들, 밖에 잘 나오지 않는 옆집 할아버지—을 사랑하고자 애쓰면서 그들과 더불어 살아갈 때 그 일은 일어난다.

작고 눈에 잘 보이지 않는 상호 작용 안에서 우리는 일요일에 연습하는 평화의 인사 건네기를 재연한다. 아이에게 당근 조각을 집어 줄 때, 무시당한다고 느끼면서도 조너선에게 참을성 있게 반응할 때, 나는 평생 그런 휴가를 갈 만한 형편이 안 될지언정 곧 휴가를 떠나는 친구를 진심으로 축하해 줄 때, "그리스도의 평화가 당신과 함께하기를"이라는 인사는 실제적 예로 드러난다. 이름 없고 그 자체로 눈에 잘 띄지도 않는 평범한 사랑이 바로 땅 위에 존재하는 평화의 실체이며 일상에서 통용되는 하나님의 은혜다.

우리는 때로 샬롬을 추구하는 것에 대한 큰 이념을 평범한 일상의 기본 요소와 분리시킨다. 사적인 것과 공적인 것, 사회 정의와 '가족적 가치' 간의 거짓된 이분법을 만들어 낸다. 그러나 기독교 예배는 우리에게 평화란 집에서 자라나며, 가정과 교회와 동네에서, 일과 속에서, 가장 작은 규모로 시작된다는 사실을 일깨워 준다. 일상적 평화의 습관 혹은 불화의 습관은 우리가 사는 도시로 흘러나와 평화의 문화 혹은 불화의 문화를 만들어 낸다.

* * *

선지자 예레미야는 우리가 속한 작은 영역의 평화가 우리의 도시, 국가, 세상이라는 더 넓은 규모의 평화와 뗄 수 없는 관계로 서로 묶여 있음을 상기시킨다. "또 너희는, 내가 사로잡혀 가게 한 그 성읍이 평안을 누리도록 노력하고, 그 성읍이 번영하도록 나 주에게 기도하여라. 그 성읍이 평안해야, 너희도 평안할 것이기 때문이다"(렘 29:7).

그리고 평화를 이루기 위한 노력은 우리가 있는 바로 그곳에서 시작된다.

〈어메이징 그레이스〉(Amazing Grace)는 영국 노예 폐지론자 윌리엄 윌버포스(William Wilberforce)의 일생을 그린 영화다. 나는 윌버포스 주변의 공동체가 이 영화에서 가장 마음에 들었다. 영화는 노예 폐지 운동에 공동체가 가담하는 모습을 몽타주로 보여 준다. 노예 무역의 참혹함을 이웃에 전하는 사람들, 어떤 노예의 회고록을 읽기 위해 길게 줄 선 사람들, 노예 노동으로 추수한 설탕은 팔지 않는다고 창문에 써 붙인 가게 주인. 극적인 순간에 윌버포스는 노예 제도 폐지를 촉구하고 의회 바닥을 가득 메울 만큼의 청원서를 펼쳐 놓는다. 물론 윌버포스가 중심 역할을 했지만, 어떤 칭찬도 듣지 못하고 눈에 띄지 않으며 평범하기 그지없는 이름 없는 수많은 성자들이 그 의미가 막중한 일상의 작은 선택을 하지 않았다면, 윌버포스는 그 일을 결코 이루지 못했으리라는 생각에 충격을 받았다. 소수의 영웅이 아닌 수없이 많은 평화를 이루는 사람들 덕분에 노예 거래가 흔들리기 시작하고 결국 법으로 금지될 수 있었다. 그들의 작은 선택이 조그만 불빛을 연이어 밝혔고 하나님은 어둠을 이기는 데 그 불빛들을 사용하셨다. 역사의 마지막에 우리는 이러한 보이지 않는 믿음의 이야기들을 듣게 될 테고, 끝없이 펼쳐진 청원서처럼 작은 선택을 통해 억압을 종결시킨 이 사람들의 이름을 알게 될 것이다.

   정의를 향한 작은 선택을 하고, 공정 무역 제품을 사고, 쌓아 두는 대신 나누고, 주변 사람들에게 자비를 베풀고, 의견이 맞지 않는 이들에게도 친절하게 대하고, "용서합니다"라고 말할 때, 우리는 우리가 있는 곳에서 우리가 할 수 있는 방식으로 평화의 인사를 건네고 있다. 그리고 하나님은 물고기와 빵처럼 이러한 일상의 일들을 가져다가 축복하시고 풍성하게 불리신다. 그분은 작은 것에서 혁명적 이야기를 만들어 내시는 분이다. 설탕 없이 차를 파는 가게 주인을 통해 세상을 바꾸시는 분이다.

＊ ＊ ＊

우리 집 별채에 세 들어 사는 스티븐은 우리 이웃이자 우리의 친한 친구다. 그는 내가 아는 사람 중 구약의 선지자를 가장 많이 닮았다. 그는 농부인데 말하자면 농부 선지자다. 도전적이고 죄를 고발하고 열정적이다. 누군가는 그를 약간 이상한 사람이라고 말할지도 모른다. 그는 맥주를 마시면서 사회 부조리를 역설하거나 거미 유충의 신학적 중요성을 논할 수도 있다. 그리고 우리는 그의 이런 점을 좋아한다.

   스티븐은 노숙인을 사랑하고 돕는 '창세기 동산'이라는 프로그램을 시작했다. 그는 우리 도시의 노숙인들과 함께 야채를 키우고 땅뿐 아니라 소망을 함께 경작하며 거리에서 생활하는 사람들 사이에서 공동체를 일구며 하루를 보낸다.

스티븐의 하루는 나의 하루와 정말 달라 보인다. 하루 종일 그가 세상에서 선한 일을 하느라 오가는 소리를 들으며 나는 집필용 책상에 앉아 있거나 기저귀를 갈거나 아이가 바닥에 흘린 과자 부스러기를 쓸어 담는다.

스티븐은 진정한 하나님의 일을 하고 있고 피스메이커이며 그의 삶과 일은 중요하고 하나님께 기쁨을 드리는 반면, 나는 그저 곁가지에 불과하다고 쉽게 생각할 수 있다. 그러나 스티븐 옆에서 살면서 나는 우리의 일상이 아주 유사하다는 사실을 알게 되었다. 우리는 둘 다 사랑하기 위해 노력하고 때로 가장 가까운 이들에게 인내심을 잃으며 평범함 속에서 반짝이는 소망의 순간을 맞이한다. 우리는 둘 다 일상의 삶과 일 가운데서 평화의 인사를 건네기 위해 노력한다.

그리고 스티븐의 일과 나의 일이 분리될 수 없음을 나는 조금씩 더 알아 가는 중이다. 그에게는 남편과 평화롭게 지내기 위해 노력하는 내가 필요하다. 그에게는 우리가 필요하다. 하나님을 따르고 서로를 사랑하고 아이들을 더 잘 사랑하는 친구인 우리 말이다. 그에게는 오늘 남편과 말다툼하며 언성을 높인 것에 대해 조너선에게 사과하는 내가 필요하다. 그에게는 내가 용서하는 것이 필요하다.

그리고 우리는 스티븐이 필요하다. 지금처럼 선지자로 있어 주는 그가 필요하고, 우리로 하여금 가난한 이들이 우리 가운데 있음을 잊지 않게 해 주는 그가 필요하다. 우리에게는 우리의 지평을 우리 집 현관 너머까지 지속적으로 넓혀 주는 그가 필요하다. 우리에게는 자원봉사를 하도록 우리를 계속 초대해 주는 그가 필요하고, 그를 위해 어떻게 기도해야 할지 우리에게 말해 주는 그가 필요하다. 우리에게는 우리와 함께 식사를 하면서 아이들이 방 반대편으로 콩을 던지는 것을 (적어도 아주 심하게는) 언짢아하지 않는 그가 필요하다.

지난주에 스티븐은 시내에 있는 노숙인 쉼터로 우리를 초대했다. 내 딸이 노숙인에게 가까이 다가가 보려고 할 때 그는 아이의 손을 잡아 주었다. "왜 저 사람은 길거리에서 잠을 자고 있어요?" 아이가 작은 소리로 물었다.

딸이 그 질문을 할 수 있으려면 우리에게는 스티븐이 필요하다.

스티븐은 나에게 그와 함께 일하는 사람들의 이야기를 들려주고, 종종 슬프고 참담한 이야기들을 들려준다. 가난의 문제는 단순히 돈이 없는 것이 아니라고 처음 말한 사람도 아마 그일 것이다. 가난의 문제는 공동체가 없는 것, 가족이나 친구와의 깊은 연대가 없는 것, 의지할 사람이 없는 것, 넘어졌을 때 잡아 줄 사람이 없는 것이다. 때로 나는 부족하지만 내 곁에 있는 이들을 아내로서 또 엄마로서 사랑하고자 애쓰는 나의 노력을 일종의 노숙인 방지 프로그램이라고 생각해 본다. 우리는 우리 아이들이 공동체를 이루어 가는 법을 배우기를, 세상으로 나아가 주변 사람들을 축복할 수 있는 피스메이커가 되기를 원한다.

이따금 스티븐과 조너선과 나는 밤에 현관 벤치에 둘러앉는다. 스티븐은 우리에게 그를 힘들게 하는 일과 우리 도시에 대한 그의 꿈과 열정을 말한다. 우리는 그에게 우리가 대학에서 학자들과 하는 일에 대해, 딸의 배변 훈련과 우리의 수면 부족에 대해 말한다. 현관 벤치에서 나누는 이 대화를 통해 우리가 세상에서 하는 크고 작은 모든 일이 함께 서로를 감싸 안는다. 하나님을 따르고 도시의 평화를 이루고자 노력하기 위해 우리에게는 서로가 필요하다.

언젠가 스티븐이 나에게 말했다. "너랑 조너선은 나를 안정적으로 만들어 줘. 그리고 나는 너희를 불안정하게 만들면 좋겠어." 그의 말은 우리가 너무 편안해지도록 내버려 두지 않겠다는 의미였다. 그는 우리가 아이들, 주택 담보 대출, 가족 간의 즐거움 및 다툼이라는 우리만의 세계에 안주하지 못하게 할 것이며, 우리가 더 큰 운동, 장차 올 나라, "가난한 사람에게 기쁜 소식을 전[하고] … 포로된 사람들에게 해방을 선포하[는]"(눅 4:18) 하나님이 행하시는 일의 일부이자 소우주임을 잊지 않게 할 것이다. 솔직히 우리의 안락함에 대한 친구의 도전은 목의 가시 같다. 죄책감도 느낀다. 방해받는 느낌이다. 구약 선지자는 티파티에선 정말 별로다.

그러나 나에게는 내 친구가 필요하다. 편안함보다는 소외된 이들을 기억하는 것이 필요하다. 그리고 그에게는 우리, 평범하고 지친 젊은 부부가 필요하다. 그는 우리를 불안정하게 만들 것이라고 했지만, 선교적 삶 안에 머물고 내 앞에 놓인 작은 일에서 평화를 이루기 위해 노력하라는 그의 요청은 나를 흔들리지 않게 해 준다. 스티븐은 나에게 현실은 티파티가 아님을 일깨워 준다. 사소하고 지치는 일 안에 갇혀 있을 때, 나는 내 가족과 공동체가 더 큰 선교의 일부임을 떠올려야 한다. 또한 내 작은 영역, 내 평범한 하루가 그 선교에서 중요한 부분임을 기억해야 한다. 매일 평범하고 눈에 띄지 않게 건네는 평화의 인사들은 하나님이 내 안에서 그리고 나를 통해 자라게 하고 계시는 것의 일부다. 그리고 그것은 좋은 시절에 열매를 맺을 것이다.

성경적으로 '급진적' 신자와 '평범한' 신자의 구분은 존재하

> 성경적으로 '급진적' 신자와
> '평범한' 신자의 구분은 존재하지 않는다.

지 않는다. 우리 모두는 기꺼이 급진적 방식으로 그리스도를 따르도록, 우리에게 자기를 부인하고 자기 십자가를 지라고 말씀하신 분의 부르심에 응답하도록 부름받았다. 그러나 또한 우리는 안정감으로, 가장 가까이 있는 이들에 대한 책임을 감당하는 단조로운 일과로, 평범한 그리스도인의 삶을 훌륭하게 살아 내라는 도전과 함께 부름받았다. 하나님이 부르신 장소와 영역에서 할 수 있는 모든 방식으로 '평화의 인사를 건네는 것'은 '급진적' 실천도 '평범한' 실천도 아닌 기독교적 실천이며, 우리 각자는 매일 그것을 실행해야 한다. 우리는 현 상태의 미국적 삶에 지나치게 길들여질 수 있다. 따라서 우리에게는 선지자적 목소리가 필요하다. 급진적이면서도 안락함을 방해하는 우리의 구속자를 따르라고 도전하는 목소리 말이다. 그러나 우리는 아이를 양육하고 이웃을 돌보고 가계부를 정리하고 빨래를 하고 안정적이고도 너그러우며 성실하게 일상을 책임지며 살아가는, 평범한 세상에서 예수님을 따르는 법 또한 반드시 배워야 한다.

몇 달 후 스티븐이 결혼한다. 그의 친구이자 그리스도 안의 가족으로서 나에게는 결혼 생활에서 평화를 이루는 그가 필요하다. 그의 결혼식 집례를 맡은 나는 그에게 노숙인들과 함께 있을 때만큼 열렬하게 그의 새로운 가정에서도 평화를 이루기 위해 노력하라고 권면할 것이다. 하나님 나라에서는, 아무도 보지 않는 곳에서 그리고 그들이 함께 살아가는 삶의 행동 양식 가운데 아내를 대하는 방식이, 그가 길에서 하는 사역만큼이나 중요하게 여겨지기 때문이다. 이것이 그가 샬롬을 추구해야 할 방식이다.

* * *

그러나 오늘, 나는 이것을 망쳤다. 남편 앞에서 인내심을 잃었다. 빈정거리며 말했다. 솔직히 평화 따위에는 별 관심도 없었다.

　20분가량 신경전을 벌인 후 우리는 항복한다. 내가 사과하고, 그 역시 사과한다. 우리는 서로를 용서한다. 칼을 버리고 옆방으로 사과하러 갈 때면 꼭 죽을 것만 같다. 속이 쓰리다.

　말다툼을 떠올릴 때마다, 다시 칼을 주워 들고 싶은 유혹이 들 때마다, 우리는 하루 종일 계속 용서해야 할 것이다. 평화는 아주 고단한 일이다. 분쟁과 분냄이 더 쉬워 보인다. 어쨌든 그 길은 더 짧지 않은가. 덜 굴욕적이기도 하고.

　앤 라모트(Ann Lamott)는 화해의 실천을 배우는 일은 우리의 가장 가까운 이들에게서 시작한다고 쓴다. "지구는 용서 학교다. 저녁 식탁에서 시작하는 것이 좋다. 그래야 편안한 자세로 그것을 시도할 수 있다."7

우리는 깨어진 세상의 깨어진 사람들이다. 그래서 샬롬을 위해 노력하는 것은 언제나 용서와 화해를 포함한다. 바울은 고린도 교인들에게 이렇게 말한다. "하나님께서는 그리스도를 내세우셔서, 우리를 자기와 화해하게 하시고, 또 우리에게 화해의 직분을 맡겨 주셨습니다. 곧 하나님께서 사람들의 죄과를 따지지 않으시고, 화해의 말씀을 우리에게 맡겨 주심으로써, 세상을 그리스도 안에서 자기와 화해하게 하신 것입니다"(고후 5:18-19). 이것은 쉽지 않다. 오늘 부엌에서의 사소한 말다툼은 대수롭지 않은 일이었다. 그러나 거기에는 깊이 남는 관계의 상처가 있고 심지어 상처를 받는 일이 패턴이 되기도 한다. 이렇듯 깊은 곳에서 이루어져야 하는 용서와 화해에는 비용이 든다. 용서와 화해를 위해 시간을 쏟고 눈물을 뿌려 가며 오랫동안 힘들게 몸부림쳐야 한다. 우리가 매주 옆에서 함께 예배드리는 사람들에게 평화의 인사를 건넬 때 실현하고 있는 진리는 때로 어려운 진리, 속이 쓰린 진리다.

십자가에 달리시기 전날 밤 예수님은 무릎을 꿇고 제자들의 발을 씻기셨다. 그중에는 곧 자신을 부인하게 될 이들의 발도 있었다. 이러한 화해 사역 근처에라도 미치려면 대가가 따른다. 그것은 저녁 식탁에서도 편안한 상태에서도 마찬가지다. 가까운 사람에게 상처를 받았을 때 용서를 베푸는 것, 즉 "[그들의] 죄과를 따지지 않[는 것]"은 보상과 억울함에 대한 그리고 자기 의에 대한 우리의 권리를 포기하는 것이다.

성공회 예전에서 평화의 인사를 건네는 순서는 죄 고백과 면죄 선언 다음, 즉 우리가 용서받았음을 떠올리고 나서 바로 이어진다. 이 역시 우연이 아니다. 우리의 용서와 화해는 그리스도께 받은 용서에서 흘러나온다. 우리는 우리의 왕이 사해 주신 엄청난 빚에 감사하여 우리에게 빚진 자들을 사해 준다. 우리는 하나님께 화해의 선물을 받음으로써 비로소 우리 주변에 있는 이들과 더불어 화해를 주고받을 수 있다.

결국 하나님이 평화를 이루시는 분이다. 우리가 서로 나누는 것은 단순히 '평화'가 아니다. 그것은 그리스도의 평화, 우리가 따르는 피스메이커의 평화다. 그리스도의 평화는 결코 값싼 평화가 아니다. 그것은 겉핥기식 평화 혹은 잘못을 감추기 위해 덧바르는 평화가 아니다. 그럴싸하게 보이게끔 연기하고 상처를 부인하고 대립을 회피하는 평화가 아니다. 가식적이거나 불의를 간과하는 평화가 결코 아니다. 그것은 참되며 어렵게 오는 평화, 진실을 말하고 정의를 추구하는 평화, 대가를 치르는 평화, 시간이 걸리는 평화다. 화해를 제안하는 평화다.

우리 힘으로는 평화를 이룰 수 없다. 우리 모두는 그것을 망친다. 주변 사람들을 실망시키고, 정죄하고, 손을 내밀기보다 이기적인 마음으로 물러선다. 우리가 평화를 이루는 사람이 될 수 있다면, 그것은 우리 마음 안에 일어나는 수없이 많은 전쟁 없이는 불가능하다.

그러나 하나님은 우리를 자기와 화해시키셨고, 삶의 모든 영역에서 화해와 평화를 이루신다. 그분은 도시의 거리에, 광야에, 농장에, 시골에, 그리고 내 부엌에서 평화를 이루고 계신다. 그분은 우리를 그분 자신과, 서로와, 지구와 화해시키고 계신다.

하나님의 화해 사역은 삶의 모든 것 안으로, 우리의 일상 중 가장 작은 순간들 안으로 들어와 역사한다.

결국 일요일마다 행하는 이 실천, 평화의 인사 건네기는 기도다. 우리는 우리가 하지 못하는 어떤 일을 하나님이 하심으로써 우리 자신이 만들어 낸 평화가 아닌 그리스도의 평화, 우리의 화해자의 평화를 나눌 수 있게 해 달라고 구하고 있는 것이다.

우리는 싸움을 좋아하는 사람들이지만, 하나님은 우리가 일상에서 그분의 평화의 나라를 건설하는 사람들이 되게 하신다. 이것을 믿는 것은 신앙의 행위다. 우리의 작고 연약한 성실이 열매를 맺을 수 있다. 내가 부엌에서 칼을 내려놓는 것이 이 세상의 우주적 평화와 연결되어 있음을 믿기 위해서는 신앙이 필요하다. 하나님이 삶을 통해 세상에 대고 "그대에게 그리스도의 평화를"이라고 말할 수 있는 사람으로 우리를—천천히, 회개를 통해—빚고 계심을 믿기 위해서는 신앙이 필요하다.

07 이메일 확인

축복하기, 보내기

이메일함을 열어 보니 현기증을 일으킬 정도로 많은 이메일이 쌓여 있다. 처리해야 할 많은 업무와 답장을 기다리는 일들, 시간을 내 달라고 요청하는 일들이다. 딸이 다니는 학교 선생님의 자원봉사 요청, 상사에게 보낼 서류, 잘 모르는 사람들과 조정해야 할 회의 계획, 전자초대장, 엄마가 보낸 쪽지, 여행 중에 우리 집에서 묵어도 되냐고 물어보는 오랜 친구, 병원 예약 재확인, 주로 후원 요청을 위해 자선단체에서 보냈거나 일과 관련한 몇 건의 단체 메일.

나의 뇌는 이 엄청난 양의 이메일과 응답을 기다리는 많은 사람, 내 앞에 놓인 분류, 결정, 답장 쓰기, 삭제를 감당할 수 없다. 눈이 침침해진다. 도망치고 싶다. 다른 인터넷 사이트로 이동하든지 아니면 패배감에 안주하면서 컴퓨터 앞을 떠나고 싶다. 나는 다시 한번 내 천적에게 지고 만다.

매일매일 받은 메일함을 모두 처리하는 사람들을 안다. 그런 사람들은 초능력을 지녔으며 명랑함과 생산성을 음식처럼 먹고 산다. 그들은 이메일을 효율적으로 사용하고 잘 정리할 수 있는 방법이 담긴 책을 나에게 여러 권 주었고, 나는 그중 몇 권을 읽었다. 그러나 내 메일함에는 열어 보지 않은 4년 전 할인 광고 메일이 아직도 들어 있다.

다람쥐 쳇바퀴에 익숙해질 즈음 나도 거기서 벗어나 보려고 노력이란 걸 한다. 그러나 이메일 관리는 내가 절대 통달할 수 없는 업무다. 가장 큰 이유는 그 일이 싫고 따라서 그것을 회피하기 때문이다. 언젠가 내 묘비에는 교훈과 경고를 주는 숫자 세 개가 반드시 새겨질 것이다. 내가 태어난 날짜, 죽은 날짜, 그리고 내가 열어 보지 않아 여전히 응답을 기다리는 받은 편지함의 이메일 개수.

* * *

일요일마다 예배를 마치면서 우리는 축복받고 세상으로 보내진다. 우리는 말씀과 성례전을 먹었고 이제 야생으로 보내진다. 『성공회 기도서』에는 우리가 일요일마다 함께 낭독하는 기도문이 있다. 이 기도문은 때로 '성찬식 후 기도' 혹은 '선교를 위한 기도'로 불린다. "그리고 이제, 아버지여, 당신께서 우리에게 하라고 주신 일을 하도록, 우리 주 그리스도의 신실한 증인으로서 당신을 사랑하고 섬기도록 우리를 보내소서…." 함께 모인 시간의 끝에서, 우리는 축도를 받고 가라는 말을 듣는다. "우리가 그리스도의 이름으로 나아가게 하소서" 혹은 "주님을 사랑하고 섬기기 위해 평안히 가십시오."[1]

우리는 축복받고 보내진다.

회중 예배에 참석한 사람들로서 우리가 하는 일과—**예전**은 '사람들의 일'이라는 뜻이다—세상에서의 우리의 소명은 경쟁 관계가 아니다. 믿는 자들에게 이 두 가지는 본질적으로 서로의 일부다.

최근 몇 년간 복음주의 지도자들과 교회들은 신앙과 일을 통합하는 데 초점을 맞추어 왔다. 이러한 노력은 필요할 뿐 아니라 아주 유익하다.[2] 그러나 우리 중 많은 사람은 여전히 '세속' 직업과 '영적' 생활을 구분하려는 유혹에 시달린다. 특정한 훈련, 은사, 직업을 통해 예수님의 선교에 온전히 참여할 수 있을지 궁금해한다. 이것은 전문 직업인뿐 아니라 가정주부나 학생, 노동자에게도 똑같이 해당된다. 우리는 궁금해한다. '**예배가 우리 일과 어떤 상관이 있지?**'

전도, 기도, 회중 예배와 같이 흔히 영적이라고 생각하는 활동은 실제적이고 중요한 의무인 반면, 일상적 일들은 덜 중요한가? 그렇지 않다. 그러면 반대로 일상적 세계의 핵심이 우리의 진짜 일이고, 영적 생활과 일요일의 예배는 부가 사항인가? 그 또한 아니다. 현실적이고 바쁜 우리 삶에 가끔씩 헌신이나 도덕적 가르침이 어색하게 끼어드는 것도 쉽지 않다. 매주 회중 예배에서 우리가 행하는 일은 우리를 변화시키고, 가정과 직장의 일로 우리를 보낸다. 마찬가지로, 우리가 전문적이고 직업적으로 행하는 일 역시 회중 예배의 의미와 선교의 일부다. 우리는 축복받고 보내진 사람들이며, 이러한 정체성은 한 주 동안, 심지어 사소한 하루 동안 우리가 세상 안에서 일과 예배를 구현하는 방법을 변화시킨다.

우리는 종종 종교개혁을 교리의 충돌로 이해한다. 칭의와 은혜 대 공로와 교회론과 면죄부. 이는 사실이다. 그러나 종교개혁 시기에 평범한 유럽 사람들의 상상력을 사로잡았던 것은 어려운 교리적 요점이 아닌, 소명에 대한 소박한 인식이었다.[3] 모든 선한 일이 거룩한 일이라는 생각은 가히 혁명적이었다. 종교개혁은 수도사, 수녀, 사제를 가장 상위에 올려놓고 다른 모든 사람은 그 아래에 두었던 소명의 위계질서를 무너뜨렸다. 종교개혁가들은 농부는 좋은 농부가 됨으로써 하나님을 예배할 수 있고 기저귀를 가는 부모가 교황과 똑같이 예수님 가까이 갈 수 있다고 가르쳤다. 이것은 스캔들이었다.

오늘날까지도 우리는 무의식적으로 어떤 한 직업이 다른 직업보다 더 거룩하고 영적이라고 보는 경향이 있다. 선교사든 사회 운동가든 예술가든 부자든 권력가든 유명인이든 고학력자든 간에 우리는 어떤 한 종류의 일을 다른 일보다 더 가치 있다고 보는 경향이 있는 것이다.

팀 켈러(Tim Keller)는 『팀 켈러의 일과 영성』(*Every Good Endeavor*)에서, 일터에서 하나님을 섬기는 것에 관해 다양한 기독교 공동체가 강조하고 가르치는 바를 요약한다. 그에 따르면 우리는 일에 관한 서로 다른(그리고 충돌하는) 메시지를 듣는다. 우리는 일터에서 하나님을 섬기는 주된 방법은 개인적으로 정직하고 동료를 전도하는 것이라고 듣는다. 혹은 사회 정의에 공헌함으로써, 혹은 단순히 일을 훌륭하고 능숙하게 함으로써, 혹은 아름다움을 창조함으로써, 혹은 문화에 영향을 끼쳐서 하나님께 영광을 돌릴 수 있다는 동기로 일함으로써, 혹은 '감사하고 기뻐하고 복음으로 변화된 마음'을 가짐으로써, 혹은 무엇이든 자신에게 가장 큰 만족감을 주는 일을 함으로써, 혹은 가능한 한 돈을 많이 벌고 너그럽게 베풂으로써 우리는 그렇게 할 수 있다.⁴ 이 모든 것은 일을 통해 하나님을 섬기는 중요한 방법일 수 있다. 그러나 이 모든 메시지를 동시에 삶으로 살아내기란 불가능하기에 그리스도인들은 둘 중 하나가 될 수밖에 없다. 자신의 일이 하나님과 교회에 정확히 어떤 의미에서 중요한지 헷갈려 하거나, 강조하고 싶은 한두 가지를 고른 뒤 특정한 관점에 미치지 못하는 삶을 사는 이들을 정죄한다.

나는 목회가 가장 중요하고 가장 영적인 일이라고 생각하면서 자랐다. 그러나 현재 내가 아는 대부분의 사람은 (그리고 내가 가르치는 학생들은) '전임 사역자'가 되기 위해 학위를 따야 하거나 직장을 그만두어야 한다고 생각하지 않는다. 그러나 많은 사람은 자신의 일이 분명하고 직접적인 방식으로 가난한 이들의 삶에 영향을 끼치지 못한다면 죄책감을 느낀다. 지난 수십 년간 복음주의자들은 사회 정의에 관심을 키워 왔고, 이는 복음을 사회 문제와 분리시키는 비성경적 상태를 교정하는 환영할 만하고 필요한 일이다.[5] 그러나 이제 우리는 의도하지 않았지만 '세상을 변화시키는' 직업을 높이 평가하면서 다른 일은 깎아내릴 수 있다. 교수 임용을 준비하고 있는 내 친구가 최근 복음주의 대회에 참석했다. 그는 그곳에서 오직 가난하고 소외된 이들을 위해 직접적으로 일하는 '급진적' 일만 의미 있는 직업인 것처럼 느꼈다. 그는 나에게 말했다. "나머지 우리는 그저 그 중요한 일을 재정적으로 후원하기 위해 직업을 갖고 있는 것 같아." 그는 큰 소리로 물었다. "소수의 거룩한 직업 외에 다른 소명 의식을 가지고 대회장을 떠난 사람이 있을까?"

그러나 하나님은 내 친구의 일과 연구를 중요하게 생각하신다. 그것을 다른 목적을 위한 수단으로만 보시지 않는다. 기독교 신앙은 비도덕적이거나 비윤리적이지 않은 모든 일을 하나님 나라 선교의 일부라고 가르친다.

하나님 나라는 매주 우리가 모여서 드리는 예배 그리고 매일 우리의 일터에서 '흩어져서' 드리는 예배 두 가지 모두를 통해 온다. 따라서 모든 일, 심지어 단순하고 작은 임무도 영원한 중요성을 지닌다. 작가 스티브 가버(Steve Garber)는 '워싱턴 신앙 소명 문화 연구소'(Washington Institute for Faith, Vocation, and Culture)의 신조에서 예배와 일을 구분하려는 모든 시도에 이의를 제기한다. "직업은 미시오 데이에서 부수적인 것이 아니라 필수적이다."[6]

미시오 데이(missio Dei) 혹은 하나님의 선교('하나님의 보내심'으로도 번역할 수 있다)는 창조의 모든 부분이 삼위일체 하나님에 대한 예배를 중심으로 구속되고 바르게 질서 잡힌다는 개념이며, 이 본질이 우리의 일터에서 드러난다.

* * *

매주 예배를 위해 모일 때, 우리는 우리가 축복받고 보내졌다는 실재를 다시 한번 실행한다. 때로 하나님의 선교라는 이 커다란 비전은 우리 자신의 선교와 목적 선언, 우리 삶의 목표와 비전 안으로 아주 분명하게 들어온다. 하지만 반복되는 일과 속에서 우리는 이를 쉽게 놓친다. 내 경우, 이메일 관리라는 짜증나는 업무를 할 때면 하나님의 선교를 위해 '축복받고 보내진' 존재라는 것은 멀고 이해하기 힘든 사실처럼 느껴진다. 그러나 받은 메일함 안의 모든 메시지는 어떤 방식으로든 나의

> 하나님 나라의 이 비전, 축복받고 보내진 이들로서의 우리의 정체성은 회의에 참석하고 이메일을 확인하고 아이들의 저녁을 만들고 잔디를 깎는 매일의 일상과 직업의 반복되는 작은 일들 안에서 실행되어야 한다.

소명 좀더 정확히는 나의 소명들과 관련이 있다. 각각의 이메일은 나의 전문 분야와 가족과 사회생활과 관련이 있다.

친구 중에 국가기관의 고위급 인사가 있다. 그는 그 자리에서 선한 일을 함으로써 좋은 영향력을 끼치고 있다. 그러나 그에게 직업이 뭐냐고 물으면 그는 이렇게 답한다. "내 아이들에게 그 질문을 하면, 아이들은 아마 내 직업이 이메일을 확인하고 회의에 가는 거라고 말할 거야." 하나님 나라의 이 비전, 축복받고 보내진 이들로서의 우리의 정체성은 회의에 참석하고 이메일을 확인하고 아이들의 저녁을 만들고 잔디를 깎는 매일의 일상과 직업의 반복되는 작은 일들 안에서 실행되어야 한다.

내 소명 중 내가 좋아하는 부분에 하나님이 관심을 두신다고 생각하기 쉽다. 나머지는 하찮고 우울하고 신음하게 만드는 필요악이다. 루터는 "하나님은 소젖을 짜는 직업을 가진 이를 통해 친히 소젖을 짜신다"고 말했다.[7] 그러나 하나님이 나를 통해 이메일을 확인하실 수 있을까? 나를 통해 가계부를 정리하고 빨래를 개실 수 있을까? 나를 통해 행정 서류를 작성하실 수 있을까? 정말로 이런 일에 관심이 있으실까?

역대 어느 공동체보다 일과 직업에 대해 많이 논한 청교도들은 한 가지 유익한 개념을 정립했는데, 후에 유진 피터슨은 이를 '직업적 거룩함'이라고 표현했다.[8] 이는 성화—거룩하게 되는 것—는 추상적으로가 아니라 우리의 구체적 직업을 통해 이루어진다는 개념이다. 기독교의 거룩은 세상에서 벗어나 공중에 붕 뜬 채 자유롭게 흘러 다니는 선함이 아니다. 기독교의 거룩함은 구체적이다. 어떤 면에서는 우리가 구체적으로 누구인가에 맞추어져 있다. 우리는 우리의 특정한 직업을 연마함으로써 거룩 안에서 자라 간다. 우리는 추상적으로 거룩할 수 없다. 그 대신 우리는 거룩한 용접공, 거룩한 엄마, 거룩한 의사, 거룩한 분석가가 된다. 우리는 우리의 특정한 직업과 삶의 자리에서 그리고 특정 직업과 삶의 자리를 통해서 하나님을 추구한다.

따라서 어떤 일이든 우리의 성화와 공동체의 유익 둘 다를 위해 지속적으로 발전시켜야 할 기술이다. 일을 잘하고 기술을 연마하려고 노력할 때, 우리는 일에서 발전을 이루고 기술을 연마할 수 있다. 우리의 임무는 하나님을 어떤 식으로든 우리의 일에 끼워 넣는 것이 아니라, 이미 그분이 우리의 직업 안에서 그리고 우리의 직업을 통해 행하고 계신 일에 동참하는 것이다. 따라서 거룩 자체는 기술과 같다. 그것은 우리가 이르러야 할 어떤 추상적 상태가 아니라 오늘 하루를 어떻게 보내는 가의 본질적 요소인 소박한 지혜와 사랑이다.

우리는 매일 구체적인 삶 속에서 거룩의 기술을 배운다. 하나님의 선교는 일차적으로 모성애의 중요성에 관한 나의 신학적 묵상이 아니라—물론 이것도 중요하다—피곤하고 지친 상태임에도 우는 아이를 달래느라 부엌 바닥에 꿇어앉는 작은 순간들을 통해 모성애의 기술을 연마해 갈 때 삶으로 살아진다.

나는 '축복받고 보내진' 자로서의 나의 정체성을 온몸으로 껴안고 구현해야 한다. 몇 시간 동안 이메일을 처리하면서 책임감과 훈련이라는 더 나은 습관을 형성하고자 애쓰는 순간에도 마찬가지다. 이러한 작은 임무 안에서 우리는 하나님의 축복을 살아 내며, 이러한 작은 임무가 바로 우리가 보냄을 받은 자리다. 우리는 우리가 실제로 시간을 사용하는 방식 안에서 축복받았고 그 안으로 보냄을 받았다. 가버는 말한다.

우리는 모든 장소, 모든 사람을 위한 일상의 리듬으로 이 세상 일터에서 살아간다. 가정에서, 동네에서, 학교에서, 논밭에서, 병원에서, 사업장에서. 또한 우리의 소명은 평범한 사람들이 행하는 평범

이러한 작은 임무 안에서 우리는 하나님의 축복을 살아 내며, 이러한 작은 임무가 바로 우리가 보냄을 받은 자리다. 우리는 우리가 실제로 시간을 사용하는 방식 안에서 축복받았고 그 안으로 보냄을 받았다.

한 일과 함께 묶여 있다. 우리는 역사의 활시위를 가르는 거창한 화살들이 아니다. 오히려 그저 은혜 덕분에 한 줌의 소망이 된다.[9]

우리는 예배에서 영양을 공급받고 축복받은 뒤 '한 줌의 소망' [가버가 워커 퍼시(Walker Percy)에게서 빌려 온 표현이다]이 되기 위해 보내진다. 매시간 매 임무마다 우리의 소명을 살아 내는 소박한 기술을 통해 우리는 만물의 구속이라는 하나님의 큰 비전과 선교의 일부가 된다. 나는 하나님 나라의 큰일을 하고 싶지만, 내 앞에 주어진 작은 임무를 통해 하나님 나라를 살아 내는 법을, 즉 평범한 일과에서 하나님의 선교를 배워야 한다.

* * *

직업적 거룩이라는 개념은 첨단 기술 회사, 사무실 단지, 차에 탄 채 주문 가능한 패스트푸드점이 가득한 도시에서 살아가는 나의 실제 하루보다 농부, 치즈 제조업자, 설교가, 대장장이가 있는 청교도 마을이라는 상상 속 문맥에서 끌어안기가 훨씬 쉽다.

우선, 대장일이나 치즈 만드는 일에는 분명한 예술성이 들어 있는 반면, 현대 세계에서 우리가 하는 많은 일에는 얼핏 보면 그런 것이 부재한다. 청교도 공동체의 어두운 면에 대해 잘 알고 있음에도 불구하고 나는 청교도 마을에 낭만적 매력을 느낀다. 그곳의 정형 기술자, 제빵업자, 촛대 제작자는 왠지 고풍스럽다. 재무 계획, 사무 행정, 소매업, 버스 운전, 햄버거 굽는 일에 내재된 거룩함과 품위와 예술성을 보기란 훨씬 어렵다.

청교도 목수는 의자를 만들고 한 발 물러나 잘 만들어졌는지 살핀 뒤, 그가 수십 년간 알아 온 이웃에게 그것을 판다. 그는 그 의자를 산 이웃이 그가 만든 좋은 의자 덕분에 오랫동안 축복받을 것을 안다. 청교도들이 직업적 거룩함에 대해 설교할 때보다 지금 우리의 직업은 훨씬 추상적이고 막연하다. 현대 세계의 일을 비인간적이고 악랄하게[**악랄한**(vicious)이라는 단어는 '악에 취약한'이라는 뜻이다] 만드는 전 지구적이고 구조적인 힘이 존재한다. 아케이드 파이어(Arcade Fire)의 노래 "스프롤 II"(Sprawl II)는 현대성 안에 존재하는 이러한 힘을 비판하는 긴 에세이다. 이 힘 안에서는 "생명 없는 쇼핑몰들이 산처럼 끝없이 솟아난다." 노래는 이어진다. "그들은 내가 노래하는 것을 듣고 나에게 멈추라고 말하지 / 허세는 그만두고 출근 도장이나 찍어라 / 요즘 내 삶은 아무런 목적도 없는 것처럼 느껴져."[10]

출퇴근 도장을 찍으며 하루를 시작하고 끝내는 현대의 일에는 깊은 목적 상실감이 존재한다. 우리는 책상에 앉아 한 번도 만나 보지 못한 사람들과 이메일로 일을 논의하고, 또다시 컴퓨터 화면을 보면서 그 일을 처리하는 세상에서 산다. 우리는 현대의 일을 견딜 수 없게 만드는 불의나 비인간적 조건과 맞서 싸워야 한다. 그러나 동시에 구시대의 일을 현대 직업보다 상위에 올려놓음으로써 의도치 않게 새로운 '거룩함의 위계질서'를 만들어 내는 실수 또한 범하지 말아야 한다. 미시오 데이를 위해 교회로부터 보냄을 받은 신자로서 우리가 감당해야 할 구체적 임무 중 하나는 대장일이나 치즈 만드는 일뿐 아니라 현대성과 기술을 통해 불가피하게 생겨난 일 안에서 그리고 그 일을 통해 거룩을 구현하는 법을 배우는 것이다. 나는 이메일을 확인해야 한다. 이 시간, 바로 그것이 하나님이 나에게 하라고 주신 일이다.

우리 중 대부분은 '백 투 자연'(Back-to-nature)이라는 이상을 따라가기 위해 단순히 현대 세계를 포기하도록 부름받지 않았다. 그 대신 지금 이 순간에도 우리는 일을 잘하기 위해, 일을 통해 우리의 이웃을 사랑할 수 있기 위해 기술과 습관을 연마해야 한다. 그 이웃이 내가 수십 년간 알아 온 사람이든 멀리 떨어진 곳에서 컴퓨터 화면 앞에 앉아 있는 사람이든 상관없이 말이다. 나는 현대의 일을 잘 수행하는 사람들과 켈러가 '유능함의 사역'이라고 부르는 것을 통해 나와 내 이웃을 섬겨 온 사람들 덕분에 축복과 도움을 받는다.[11]

요점은 이것이다. 나는 이메일을 싫어한다. 이메일은 나로 하여금 인생을 훌륭하게 살지 못하는 실패자라고 느끼게 한다. 그러나 이메일 확인은 거룩한 임무다. 내가 이루어 가는 성화의 일부 그리고 세상이 받을 구속의 일부는 내가 내 일을 잘하는 법을 혹은 적어도 지금 하는 것보다는 더 잘하는 법을 배우는 것이다.

나에게는 서로 다른 많은 임무가 있고, 이 모든 임무는 거룩함의 기술 안에서 나를 만들어 왔다. 엄마, 사제, 캠퍼스 사역자, 작가. 나는 서점, 카페, 유기농 야채 가게, 초등학교 행정실, 마약 재활 센터에서 일했다. 영화 스태프도 해 봤고, 해외에서 영어를 가르쳤고, 어린이 사교댄스 교실 보조 교사와 보모도 해 봤다. 제일 마음에 들지 않았던 일은 대규모 복합 의료 센터의 예약 담당 업무였다. 그 1년은 형광등 불빛, 헤드셋, 너무 오래 앉아 있어 생긴 허리 통증, 자신의 의료보험에 대해 화가 나서 시비를 거는 환자들, 다섯 시만 손꼽아 기다리는 긴 오후로 점철되었다. 나의 하루는 여덟 시간 동안 끊임없이 걸려 오는 전화를 받고 화면을 들여다보며 지나갔다. 그 일은 전혀 창조적이지 않았고 지루했다. 동료 중 성격이 불같거나 무례한 사람이 많아서 더 힘들었다.

그런데 그곳에는 오랫동안 이 일을 해 왔을 뿐 아니라 아주 훌륭하게 해 온 동료 디가 있었다. 그녀는 책상에 놓인 가족사진 너머로 자부심이 넘쳤다. 그녀는 정말로 응급 처치가 필요한 환자와 단지 참을성이 없는 환자를 구분할 줄 알았다. 허둥대거나 화가 난 환자 앞에서도 늘 차분했고 그들이 진정하도록 도왔다. 세부 사항을 능숙하게 다루었고(우리는 늘 아주 많은 세부 사항을 다루어야 했다), 병원에 있는 누구와도 사이가 좋아 보였다.

영혼 없고 스트레스만 가득한 병원의 기계적이고 로봇같이 딱딱한 환경에서도 디는 탁월했다. 자신의 기술을 연마한 것이다. 그녀의 직업은(나의 직업과 마찬가지로) 우리 의료 시설에서 가장 하찮은 일처럼 보였을지 모른다. 그러나 그녀는 그 일을 훌륭하게 해냈고, 그렇게 함으로써 나의 직장 생활이 더 나아지고 그곳이 계속 돌아갈 수 있었다. 그녀는 구속의 대리인이었다.

* * *

우리의 청교도 장인은 좋은 의자를 만든 뒤, 그것을 뒤로하고 다른 일을 하거나 쉬거나 친구와 시간을 보낼 수 있었다. 연중 내내 접속되어 있고 생산적이어야 하는 세계가 만들어 내는 일 중독 문화에 직면하지 않았다. 스마트폰도 없었다. 현대 사회에서 하나님이 우리에게 주신 일을 하기 위해 축복받고 보내질 때 우리는 일이 온통 마음을 차지하는 문화, 끝이 없는 문화로 보내진다.

정신없이 바쁜 직장 생활은 계절의 리듬 혹은 밤과 낮의 리듬에서 분리된다. 우리는 쉬지 않고 일할 수 있다. 나는 하루 24시간 내내 비가 오든 햇빛이 비치든 상관없이 이메일을 확인할 수 있다. 우리가 어딜 가든 일은 따라올 수 있기 때문에 우리는 언제나 일터에 있는 것처럼 느낄 수 있다. 이러한 변화 때문에 일과 생산성을 휴식과 건강과 관계를 희생시키는 우상으로 섬기려는 유혹이 커진다.

첨단 기술이 끝없는 생산성이라는 건강하지 않고 경건하지 않은 욕구를 부추기는 습관을 키울 수 있을 때, 직업적 거룩은 어떤 모습을 띠는가? 마르다처럼 우리는 "많은 일로 염려하고 근심하[면서]" 부엌에 묶여 있을 수 있다(눅 10:41, 개역개정). 일이 늘 우리 가까이에 있을 때, 말 그대로 우리의 손에 기계가 늘 들려 있을 때 염려는 커지고 기운은 빠져서 더 중요한 것을 놓치기 쉽다.

일중독의 완벽한 반대에 서서 사색적 이상에 머무는 도피주의를 이상화하고 찬양할 수도 있다. 나는 종교개혁가들이 말했던 것처럼 농부가 밭에서 하는 일이 수도사가 그의 작은 방에서 하는 일과 모든 면에서 똑같이 중요하고 거룩하다고 고백하겠지만, 나 자신의 평범한 일에 관해서만큼은 종종 수도사의 작은 방으로 도피하고 싶다.

나에게 큐티의 중요성을 반복적으로 훈련시켜 준 교회 주일학교 덕분인지 아니면 수도회 생활과 사색적 영성에 대한 나의 깊은 존중 때문인지는 모르겠다. 그러나 여전히 나는 조용한 곳에서, 이상적으로는 바닷가나 조용한 물가와 같은 야외 혹은 스테인드글라스가 있는 성당에서 성경과 노트를 들고 고요한 가운데 '하나님을 만나는 것'을 상상한다. 그것이 내가 좋아하는, 하나님이 나를 만나 주시는 방식이다. 이메일을 확인하는 '유능함의 사역'을 통해서 나를 만나 주시는 것이 아니라 말이다. 이러한 사색적 이상에 대한 갈망은 보통 시끄럽고 활동적이고 잠이 부족하고 끝없이 이어지는 요구 사항과 필요로 채워진 집에 사는 젊은 엄마인 나에게 특별히 버거운 짐일 수 있다.

나에게는 제삼의 길이 필요하다. 그것은 정신없이 바쁜 활동도, 일상 세계에서의 도피도 아닌, 축복받고 보내짐을 통해 형성되는 일의 방식이다. 제삼의 길의 특징은 강요와 불안에서 자유롭다는 것이다. 축도, 즉 하나님의 축복과 사랑에 뿌리를 두고 있기 때문이다. 그러나 또한 이 길은 우리가 보냄을 받은 세상에서의 하나님의 선교를 적극적으로 끌어안는다.

14세기 수도사 월터 힐튼(Walter Hilton)은 사업과 정치에 종사하고 있지만 종교 공동체에 입문하여 사색적 삶을 살고 싶어 하는 어떤 사람에게 편지를 썼다. 힐튼은 이 사람에게 기존 직업을 유지하면서 "제삼의 길, 즉 마르다의 활동과 마리아의 묵상을 조합한 생활"을 영위하라고 도전했다. 힐튼은 "이러한 영성을 기르기 위해서는 의식적으로 모범을 따르고 가르침을 받는 것이 필요하다"고 결론짓는다.[12]

이 제삼의 길은 스스로 축복을 쟁취하고 자신의 운명을 조종하려는 노력이 만드는 광적인 일중독을 피한다. 그러나 이 길은 우리의 일상 임무를 포기하지도, 그것을 덜 거룩한 것으로 폄하하지도 않는다.

19세기 말, 20세기 초 프린스턴 신학교에서 가르친 B. B. 워필드(Warfield)는 그가 영적 깊이를 희생시키는 "쉼 없는 활동의…경향"이라고 보았던 것을 염려했다.[13] 워필드는 다음과 같이 상기시킨다. "물론 활동은 좋은 것이다.…그러나 그것이 내면의 종교적 힘을 대체할 때는 더 이상 좋은 것이 아니다. 우리는 우리의 마르다 없이는 살 수 없다. 그러나 방방곡곡을 돌아다니며 마리아를 찾아도 찾을 수 없다면 어떻게 할 것인가?"[14] 그러나 같은 연설에서 워필드는 기도와 고요함의 가치를 학자로서의 자신의 직업과 통합시킨다. "무릎 꿇는 10분이 책을 들여다보는 열 시간보다 더 진실하고 깊고 더욱 가용 가능한 하나님에 대한 지식을 줄 것"이라는 주장에 대해, 그는 자신의 소명에 대한 올바른 이해는 "무릎을 꿇은 채 책을 연구하는 열 시간"으로 이끌어 줄 것이라고 말함으로써 반대한다.[15]

나는 받은 메일함, 빨래, 세금 보고를 위해 시간을 쓰면서도 신비하게 늘 무릎을 꿇고 있는 법을, 축복하시고 보내시는 하나님께 나의 일을 기도로 올려 드리는 법을 배우고 싶다.

일에 대한 제삼의 길을 살아 내는 것, 즉 일과 성취감을 우상으로 섬기는 것에 저항하면서도 우리의 일 안에서, 우리의 일을 통해 직업적 거룩함을 추구하는 것은 일하는 삶을 기도의 형태로 살아 내도록 해 준다. 일과 기도의 이러한 혼합은 고대 영성의 실천 중 하나였다. 청교도나 워필드보다 훨씬 이전에, 라틴어 표현 '오라 에트 라보라'(*ora et labora*), 곧 '기도하고 일하라'는 수도회 영성, 특별히 베네딕도회 영성의 특징이었다. 이 개념을 구현한 가장 유명한 사람은 아마도 로렌스 형제(Brother Lawrence)일 텐데, 그는 이렇게 썼다. "나에게 일하는 시간은 기도의 시간과 다를 게 없고, 내가 일하는 부엌의 소음과 달그락거리는 소리 안에서…나는 고요 속에 있을 때와 마찬가지로 마치 내가 축복받은 성례전에서 무릎을 꿇고 있는 것처럼 하나님을 소유한다."[16]

나에게는 이메일 확인이 기도의 영역이 될 수 있음을 믿는 것이 어렵다. 나는 하나님이 나를 다른 일로, 보다 중요하고 의미 있고 짜릿하게 느껴지는 일로 부르시기를 원한다. 그러나 이 시간 이 일이 내가 '주님을 사랑하고 섬기기 위해 평화 안에서 가십시오'를 살아 내는 기도다.[17]

내가 이메일 확인을 흥분할 만큼 좋아해야 한다는 의미는 아니다. 과연 그런 날이 올까. 그러나 나는, 우리가 하나님의 택하신 백성이 "그들이 수고하여 번 것을 오래오래 누릴" 날을 위해 지어졌음을 기억하기 원한다(사 65:22). 우리는 이 세상에서 일하도록 축복받고 보내졌고, 그곳에서 타락과 고난을 만나게 될 것이다. 그러나 여전히 우리의 노동은 헛되지 않다. 그리고 언젠가 그 모든 것은, 우리의 가장 작은 일상의 임무조차도 심지어 이메일까지도 걸러지고 정리되고 구속받을 것이다.

08 교통 체증 버티기

예전의 시간과
서두르지 않으시는 하나님

고속도로다. 35번 주간(interstate) 고속도로. 멈춰 있다.

앞에 무슨 일이 있는지 보이지 않는다. 사고 잔해? 공사 현장? 스마트폰에서 지도를 확인한다. 굵고 빨간 선으로 이어진 구간이 2킬로미터는 되는 것 같다.

한동안 여기 있어야 할 듯하다.

카시트에 묶여 있는 아이들은 지루해하며 시트를 발로 찬다. 우리 모두 약간 지쳤고 약간 짜증이 나 있다. 차 안은 덥다. 나는 에어컨을 세게 틀고 라디오를 켠다.

집에 빨리 가지 않으면 아이들은 보챌 것이다. "배고파요"라고 징징대면서. 늦게 씻기게 될 테고, 늦게 잠자리에 들 것이다. 잠깐의 휴식을 기대했던 나의 바람은 부질없어진다. 기다림과 함께 짜증도 늘어 간다.

차가 막힐 때 빵빵거리는 사람들을 정말 이해할 수가 없다. 그 누구도 더 빨리 갈 수 없다. 모두 앞뒤로 막혀 있다. 이런 상황에 특별히 행복해하는 사람은 아무도 없다. 그런데도 사람들은 마치 하늘에 대고 주먹이라도 휘두르듯 빵빵거린다. 아무것도 할 수 없다는 사실에, 발이 묶여 있다는 사실에, 살아 있는 시간이 조금씩 줄어들고 있다는 사실에, 그저 빵빵거린다. 그러나 분노와 저항의 이 행위는 소음만 키울 뿐 차를 움직일 수는 없다. 우리 모두 덫에 걸려 꽥꽥거리는 거위들 같다.

차가 막힐 때 경적을 누르는 사람들을 비난하지만, 내 감정을 소리로 들을 수 있다면 아마 같은 소리가 날 것이다. 나는 인내심이 부족하다. 나는 시간의 주인이 나이길 바라는 인스턴트 세상에 살고 있다. 나는 시간, 적어도 내 시간은 내가 통제한다는 착각 속에 산다. 나는 농부가 아니다. 추수할 때를 기다리거나 날씨가 바뀌기를 기다리지 않아도 된다. 나는 산파가 아니다. 아기가 나오기를 기다릴 필요가 없다. 컴퓨터가 매우 느리게―실제로는 몇 초―작동하면, 나는 이렇게 중얼거린다. "백만 년은 걸리겠네."

만약 살날이 얼마나 남았는지 내가 안다면, 나나 나와 가까운 누군가에게 남은 시간이 몇 주밖에 없다면, 시간을 내가 통제할 수 없다는 사실을 이해할지도 모른다. 혹은 전기라는 사치를 누릴 수 없다면 시간이 통제권을 쥐고 있음이 보다 분명해질 것이다.

그러나 나는 내 삶의 대부분에서, 시간을 잘 관리하려고 노력하거나, 한 번도 시간을 충분히 가져 본 적이 없다고 느끼며 억울해한다. 정신없이 바쁜 삶에서 나는 속도를 늦추고 기다리는 법을 잊어버렸다.

기다리는 것, 시간이 지나가도록 그저 내버려 두는 것이 무엇인지 내 영혼의 유익을 위해 느껴 볼 필요가 있다. 그리고 여기 고속도로 한중간에서 나는 내 의지와는 상관없이 기다림을 연습하는 고대의 영적 실천에 내던져진다.

* * *

문학 작품에서 내가 가장 좋아하는 장면 중 하나는 『걸리버 여행기』(Gulliver's Travels)에서 릴리푸트 사람들이 계속 시계를 쳐다보는 걸리버를 보고 시계가 그의 신이라고 생각하는 장면이다.¹ 이런 식으로 작가 스위프트(Swift)는 시간, 조급함, 효율성을 숭배하는 그의 시대를 탁월하게 지적했고, 그의 지적은 오늘날 우리에게도 유효하다. (릴리푸트 사람들의 논리대로라면, 나의 신은 스마트폰이다.)

그러나 실제로 나는 내 시간을 통제하지 않는다. 매일 나는 기다린다. 도움을, 치유를, 장차 올 날들을, 구조를, 구속을 기다린다. 그리고 대부분의 사람처럼 죽을 날을 기다린다.

그리고 나는 영광을, 장차 오실 왕을, 몸의 부활을 기다린다.

그리스도인은 기다리는 사람이다. 우리는 한계적 시간, '이미'와 '아직'을 산다. 그리스도는 오셨고, 다시 오실 것이다. 우리는 중간 시대에 살고 있다. 우리는 기다린다.

그러나 일상에서 나는 초조해하는 습관을 키운다. 앞을 향해 속도를 더 내고, 이미 어지러운 하루 안에 더 많은 것을 끼워 넣으려 애쓴다. 물이 끓기를 기다리지도 못하면서 어떻게 장차 올 하나님 나라를 고대하고 기다리는 사람으로 살 수 있단 말인가?

신학자 한스 우르스 폰 발타자르(Hans Urs von Balthasar)는 모든 죄의 뿌리가 성급함이라고 말한다. 그는 그리스도인의 생활에서 인내의 핵심 역할을 이렇게 설명한다.

하나님은 하나님의 시간에 인간이 모든 좋은 것을 갖도록 하셨다.…그렇기에 모든 불순종과 죄악은 본질적으로 시간을 따르지 않는 데 있다. 그런 까닭에 하나님의 아들이 질서를 회복하시는 것은 그러한 미성숙한 지식의 가로챔을 무효화하는 것이어야 했고, 영원을 향해 뻗은 손을 뿌리치는 것이어야 했고, 영원으로의 거짓되고 간편한 이동에서 참되고 느린 시간 안의 제약으로 회개하며 돌아오는 것이어야 했다.…인내는 기독교의 필수 요소이며…기다리고 참고 버티고 끝까지 견디는 힘이며, 자신의 한계를 넘어서려 하거나 영웅과 타이탄 흉내를 내면서 힘으로 문제를 풀려고 하는 대신 영웅주의 너머에 놓인 덕, 바로 끌려가는 양의 온순함을 연습하는 것이다.[2]

하나님께 사랑받는 자로서 나는 어렵더라도 인내의 실천을 배워야 한다.

꽉 막힌 도로에서 차 안에 앉아 있는 이 순간은 어디론가 가는 중인, '이미'와 '아직' 사이에 낀 존재로 살아가는 나의 진정한 인간적 실존을 구현하는 하루 중 얼마 되지 않는 순간이다.

* * *

그리스도인은 대안적 시간의 흐름 안에서 살아간다. 교회는 그 자체의 달력이 있다.

나는 대학생 시절에야 이것을 발견했고 너무 신이 났다. 마치 집에 있는 비밀 통로를 발견한 아이 같았다. 예전의 시간(liturgical time, 교회력). '이런 것이 여기에 늘 있었다고? 우리 집에? 언제든 발견되기를 기다리면서?'

오랫동안 나는 시간 안에서 사는 법을 배우지 못할 것이라고 느꼈다. 자라면서 나는 시간에 저항했다. 언제나 꾸물거렸고, 시간을 엄수하는 아빠를 화나게 했다. 나는 너무 느렸고, 한 번도 시간을 지키지 못했고 결코 서두르지 않았다. 시간을 제한된 자원으로 여기며 사는 법을 몰랐다.

자라면서 나는 시간에는 형태나 의미가 없다고 생각했다. 부분적으로 내가 시간의 개념을 불편하게 느낀 이유는 계절이 바뀌어도 나뭇잎 색깔이 달라지지 않으며 몇십 년에 한 번 눈

인간이 만들어 낸 시간이 진정한 무언가를 일깨워 주는 경우도 있지만, 대부분은 무언가를 팔기 위한 상업적 기획이었다. 어쩌면 미국 남부 사람에게 눈사람을 팔기 위해서였는지도 모른다.

이 올까 말까 한 텍사스 중부에 살았기 때문이다. 나는 의미, 리듬, 시간의 경계를 열망했지만 내 주변에서 이런 것들은 즉각적으로 보이지 않았다.

텍사스 주민들은 미국의 나머지 지역을 따라 계절의 전통을 지키고자 애쓴다. 성탄절 즈음엔 집 앞마당에 사람 크기의 나무 눈사람을 세운다. 나무 눈사람! 진짜 눈사람은 어디에도 없기 때문에, 우리는 영상 15도의 날씨에 계절의 변화라는 신화를 영속시키기 위해 나무 눈사람을 이용했다. 어릴 때부터 나는 이것이 허식처럼 보였다. 그래서 시간 자체가 인위적이고 조작된 것처럼 느꼈다. 인간이 만들어 낸 시간이 진정한 무언가를 일깨워 주는 경우도 있지만, 대부분은 무언가를 팔기 위한 상업적 기획이었다. 어쩌면 미국 남부 사람에게 눈사람을 팔기 위해서였는지도 모른다.

교회력을 알게 되었을 때 진짜 시간을 발견했다고 느꼈다. 그것은 내 삶에 초월적 형태를 부여했다. 시간은 더 이상 자의

적이지 않았다. 학업 일정도, 마케팅 술책도, 개학 기념 세일도, 노동절 기념 대박 세일도, 국가 기념일도, 스포츠 시즌도 아니었다. 이제 시간은 거룩했다. 시간의 구조는 예배에 따라 결정되었다. 시간은 교회를 전 지구적이고 대안적인 사람들로 구별해 주었다. 시간에 형태와 의미가 생겼다. 갑자기 시간이 이야기가 되었다. 그리고 나는 그 이야기 안에서 살 수 있었다.

교회력 안에서 우리는 이야기를 통해 삶의 리듬을 배운다. 매주 우리는 하나님의 창조 사역과 안식을 재연한다. 매년 우리는 예수님의 이야기를 다시 이야기한다. 대림절, 성탄절, 주현절은 메시아를 갈망하는 하나님의 백성, 그리스도의 탄생, 그리고 천천히 그분이 온 세상의 왕으로 드러나는 이야기다. 사순절, 부활절, 오순절은 그리스도가 받으신 시험, 타락한 세상에서의 삶, 고난, 죽음, 부활, 승천 그리고 그 뒤에 이어진 성령의 오심과 교회의 탄생에 관한 이야기다. 해마다 우리는 한 주 한 주 이 이야기를 살아가고, 우리가 사도신경을 외우며 고백하는 내용을 오늘날 우리가 그 날들을 부르는 방식을 통해 살아 낸다.

그리고 예전에 따른 시간 안에서 우리는 기다림을 위한 공간, 그것도 아주 큰 공간을 만들어 낸다.

안식일을 지킬 때, 우리는 하나님이 창조 후에 안식하신 것을 되돌아볼 뿐 아니라 하나님이 재창조를 마치실 때 올 안식, 곧 앞으로 올 쉼을 고대한다. 우리는 이야기가 끝나기를, 모든 것이 새롭게 되기를 기다리고 있음을 함께 기억한다.

교회력에서 준비 기간 없는 경축은 없다. 먼저 우리는 기다린다. 애통한다. 아파한다. 회개한다. 우리와 이 세상이 바르고 온전하지 않음을 의례와 예배를 통해 반복적으로 깨닫기 전에는 아직 경축할 준비가 되지 않았다.[3] 부활절 전에 사순절이 있다. 성탄절 전에 대림절이 있다. 우리는 금식하고, 그런 다음 잔치를 벌인다.

우리는 준비한다. 기다림을 연습한다.

시간의 거룩한 리듬 안에서 우리는 우리의 실재 안에 존재하는 긴장감을 받아들인다. 우리는 작전 개시일과 전승 기념일 사이를 살아간다. 승리는 이미 확실하지만, 싸움은 조금 더 이어진다.

* * *

우리는 조급한 사람들이다. 지금 당장 행복을 원한다. 지금 성취와 만족을 느끼고 싶다. 시간은 단지 우리가 최대한 활용하려고 애쓰는 소모품일 뿐이다.

내가 교통 정체에 발이 묶여 화를 내는 이유는, 시간이 내 뜻대로 되지 않는다는 사실을 다시금 일깨워 주기 때문이다.

도로시 바스는 『하루를 받기』(Receiving the Day)에서 시간이란 일일계획표의 네모 칸처럼 우리가 소유하고 관리하는 어떤 것이라는 생각이, 시간이란 일차적으로 길들이고 사용하며 지배해야 하는 힘이라는 거짓된 믿음으로 우리를 어떻게 이끌어 가는지 설명한다.

바스는 통렬할 만큼 정확하게 나를 묘사한다.

> 우리는 마치 우리가 모든 일을 해낼 수 있다면, 느슨한 모든 곳을 조일 수 있다면, 심지어 충돌조차 미리 막을 수 있다면, 우리의 가치를 증명하고 우리 자신의 안전을 지킬 수 있다고 믿게끔 우리 자신을 속인다. 시간과 관련된 우리의 문제는 사회적이고 문화적이며 경제적이다. 틀림없다. 그러나 그것은 또한 영적인 문제, 즉 인간으로서 우리가 누구인지에 관한 핵심으로 곧장 들어가는 문제이기도 하다.… 정말로, 이러한 왜곡은 우리로 하여금 거짓 신학의 두 팔 안으로 뛰어들게 만든다. 하나님이 아닌 우리 자신이 시간의 주인이라고 믿게 되는 것이다. 우리는 시간을 어떻게 사용하는지를 통해 우리 자신의 가치를 증명하려 하고, 우리의 궁극적 안전은 훌륭한 자기 관리에 달려 있다고 믿게 된다.[4]

시간은 우리가 휩쓸려 따라가는 강물이다. 그것이 실재다. 시간은 하나님의 선물이며 예배의 수단이다. 나에게는 실재를 일깨워 주는 교회가 필요하다. 시간은 통제하고 관리하며 소비하는 소모품이 아니다. 교회력을 실천함으로써 나는 시간이 나의 소유가 아님을 매일 배운다. 시간은 나 중심으로 돌아가지 않는다. 시간은 하나님을 중심으로, 그분이 행하신 일, 그분이 하고 계신 일, 그리고 그분이 하실 일을 중심으로 돌아간다.

우리는 기다림의 세상에서, 모든 창조 세계와 함께 시간도 무언가의 탄생을 기다리며 해산의 고통을 겪고 있는 세상에서 살고 있다. 출발지도 도착지도 아닌 중간에 교통 정체로 발이 묶여 있을 때, 나는 해를 거듭하며 내가 실천해 온 기다림과 소망이라는 예전의 리듬 안에 거한다. 근본적으로 나의 현재적 실재는 장차 올 것을 지향한다. 나는 어딘가로 가는 중이다.

따라서 기다림은 미래를 지향하는 믿음의 행위다. 그러나 우리의 소망의 확신은 과거에, 나사렛 예수의 인격 그리고 그분의 약속과 부활에 근거한다. 그리하여 시간과 마찬가지로 기다림은 시간의 축이신 그리스도가 중심이 되신다.

* * *

그리스도가 행하신 일 덕분에 우리는 기대하며 기다린다. 우리는 시간이 흐르면서 불가피하게 찾아오는 절망(재에서 재로, 먼지에서 먼지로)을 믿음(우리가 그와 함께 죽었으면 또한 그와 함께 살 것이니)

> 숙취와 공허를 남기는 끊임없는 흥청거림에 익숙한 문화의 한복판에서,
> 우리는 함께 기다리는 법을 배우려고 훈련 중이다.

으로 대체한다.⁵ 우리는 교회력의 리듬을 통해 우리의 진정한 미래를 지향하게 된다. 우리의 상상력은 장차 올 것, 하나님이 모든 것을 바로잡으실 미래의 영광에 고정된다.

교회력을 지키는 일은 조급함의 문화에 저항하도록 우리를 형성한다. 제임스 스미스가 "연중무휴 정신없이 돌아가는 상업 문화"라고 부르는 것에 저항하는 고유한 사람들로 구별해 준다.⁶

성경은 우리에게 "보이지 않는 것을 바라면, 참으면서 기다려야 합니다"라고 말한다(롬 8:25). 우리는 평범한 하루를 미래의 실재라는 빛에 비추어 가며 산다. 우리가 누릴 최고의 삶은 아직 오지 않았다.

교회의 시간을 따르면 세상의 시간과 충돌한다. 우리 문화는 우리를 축하에서 축하로 끊임없이 몰아가는 경향이 있다. 할로윈데이에 이어 다음 두 달은 성탄 시즌, 그다음은 슈퍼볼, 마디 그라(Mardi Gras), 싱코 데 마요(Cinco De Mayo) 등으로 끝없이 이어진다. 숙취와 공허를 남기는 끊임없는 흥청거림에 익숙한 문화의 한복판에서, 우리는 함께 기다리는 법을 배우려고

훈련 중이다. 우리는 기다리고 기대하고 속도를 늦추고 준비하는 법을, 그리하여—이 모든 것 덕분에—참으로 축하하는 법을 연습한다.

대학 졸업 후 첫 여름, 나는 가출 청소년과 학대 아동을 돕는 기독교 공동체에서 시간을 보냈다. 이 친구들이 매일 마주하는 어두움은 손에 잡힐 만큼 직접적이었다. 자살과 폭행과 중독의 참혹한 폐해, 무시와 학대 속에서 자란 아이들과 매주 마주했다. 그러나 이 기독교 공동체는 내가 본 다른 어떤 공동체보다 강렬한 기쁨 가운데 전심으로 축하를 했다. 생일 맞은 사람이 있으면 그날은 하루 종일 행복한 깜짝 파티가 이어졌다. 우리가 돕는 아이들 중 누구든 뚜렷한 발전을 이루면, 예를 들어 한 달 동안 금주하는 데 성공하거나 치유 과정에서 다음 단계로 넘어가면, 최선을 다해 축하했다. 그들은 거대한 고통 아주 가까이에 살았지만, 애통의 한복판에서 경축을 실천하는 법을 배웠다. 그들은 기다림 속에서 살았고 이정표를 세울 때마다 축하했다. 그것은 오랜 진통 끝에 태어난 웃음이었다.

* * *

내 침대맡에는 그림이 하나 있다. 친구 잰의 그림을 출력해서 액자에 담은 것이다. 그녀는 길고 고통스러운 연습을 하면서 기다림에 대해 많은 것을 배웠다. 암이 재발했고 건강이 매우

좋지 않은 잰은 그 연습을 통해 상처뿐 아니라 힘들게 얻은 기쁨을 알았다. 그녀는 기다림을 통해, 즉 의사의 전화, 재검 결과, 또 다른 치료법, 치유, 그녀도 무엇인지 모르는 것을 기다리면서 성숙했다. 잰의 집은 그녀가 그린 그림으로 가득한데, 어느 날 나는 그녀의 집에서 특별히 한 그림에 이끌렸다. 밝은 색조의 복잡한 질감의 추상화로, 캔버스 위에 열쇠 구멍을 부각으로 새겨 놓은 작품이었다. 그 그림 앞에 섰을 때 나는 이 세상에 속하지 않은 신비한 문 앞에 서 있는 듯했다. 나는 잰을 향해 돌아서며 말했다. "문 반대편에는 뭐가 있는지 보고 싶어." 잰은 웃으며 말했다. "맞아. 정확히 바로 그걸 네가 느꼈으면 했어."

작품 제목은 "선물"이었다. 잰은 믿음 안에 머물기 위해 기다리고 또 기다리면서 몸부림치던 시기에 이 작품을 그렸다. 그녀는 그림을 보는 사람이 기다림에 대한 감각을, 반대편에 무엇이 있는지 볼 수 없음에 대한 감각을 확장시키기를 바랐다. 기대와 불확실성 속에서 말이다. 그녀는 나를 보며 말했다. "나는 항상 내가 선물을 기다린다고 느꼈어. 그렇지만 기다림 자체가 선물이라는 걸 알았지."[7]

이 말은 무슨 의미였을까? 그 문 앞에 서는 일은 나를 미치게 했다. 그러나 잰은 나보다 훨씬 더 오래 기다림을 연습했다.

하나님의 시간표는 완벽하며, 우리가 기다리는 동안 단지 기다림보다 더 많은 일이 일어나는 신비가 있음을 믿으면서 말이다. 잰은 참을성 있게 기다리는 것이 어떤 의미인지 알았다. 그 기다림 속에서 하나님은 잰을 만나 주셨다. 그리고 그녀 안에 오직 시간과 함께 자라는 것들, 즉 계절이 변하고 숨을 죽이고 기다릴 때만 자라는 것들을 심어 놓으셨다.

하나님은 우리 안에서 또한 기다리는 우리를 통해서 일하신다. 우리의 기다림은 능동적이며 목적이 있다. 농부 선지자, 내 친구 스티븐은 휴경지는 절대 그냥 잠자고 있지 않음을 내게 일깨워 주었다. 무언가가 심겨지고 자라기를 조용히 기다리는 흙 속에서는 무슨 일인가 보이지 않게 조용히 일어나는 중이다. 미생물이 번식하고 움직이고 식사 중이다. 바람과 햇빛과 균과 벌레들이 섬세한 춤을 추면서 토양을 발효시키고 비옥하게 만듦으로써 경작을 준비한다.

로버트 윌켄(Robert Wilken)은 초기 교부 테르툴리아누스(Tertullian)에 대한 연구에서 인내심과 소망의 관계를 강조했다.

인내의 유일한 표지는 참을성이나 결연함이 아닌 소망이다. 인내는…소망을 품고 사는 것이다. 인내는 부활에 근거한다. 그것은 하나님이 만들고 계시는 미래를 지향하는 삶이며, 그 표지는 열

망, 즉 현재의 패악에서 벗어나는 것보다는 장차 올 좋은 것에 초점이 맞춰진 열망이다.[8]

우리가 기다리는 지금 이 순간에도 하나님은 언젠가 완전히 알려질 그 나라를 이루어 가고 계신다. 신뢰할 수 있는 '주시는 자'(Giver)께서 약속하신 선물이 있음을 알기에 우리는 휴경지처럼 인내할 수 있다.

* * *

그렇다고 인내가 우리를 깨어진 세상에서 수동적 상태에 머물게 하지는 않는다. 우리는 이 세상을 등지고 다른 세상을 향해 떠나기를 태평하게 기다리지 않는다. 기독교 신앙은 결코 내세적이거나 우리를 둘러싼 불의와 어두움을 무시하는 허황된 감상이 아니다. 우리는 모든 것이 원래 있어야 할 상태로 있지 않음을 안다. 또한 이 땅, 즉 저 하늘 위가 아닌 사과나무와 자벌레, 관악대와 디저리두(호주 원주민들의 전통 악기-편집자)가 있는 이 세상의 모든 것이 바로 잡히리라는 것을 안다. 천국은 바로 여기 우리 가운데서 이루어질 것이다.

내가 35번 주간 고속도로에서 조급해하는 이유는 일정 부분 이곳이 별로 마음에 들지 않기 때문이다. 지난주에 머리를 자르러 미용실에 갔을 때 거기서 일하는 멋쟁이들이 편안한 의

자를 권하고 맥주를 건네주고 신나는 음악을 틀어 주었을 때 나는 내 순서가 오기를 기다리는 것을 별로 개의치 않았다. 그러나 여기 고가도로 아래 콘크리트와 맥도날드 광고판, 꼼지락거리며 라디오를 꺼 달라고 조르는 조그만 아이들에 둘러싸여 있는 지금, 나는 그저 이 시간을 버틸 수 있기만을 바랄 뿐이다. 주 예수여, 오시옵소서.

인내와 더불어 그리스도인의 또 다른 특징은 갈망이다. 우리는 미래의 소망을 지향하면서도 현재라는 실재 앞에서, 현실적이고 압박을 주는 세상의 깨어짐과 고난에서 도망치려고 하지 않는다. 스미스의 표현대로, 우리는 "지금의 깨어진 상태를 절감하면서 언제나 다소 불안한 자세로 현재를 살아가는 미래의 백성이다. 우리가 희망하는 미래―정의가 물처럼 흐르고 공의가 마르지 않는 강처럼 흐르는 미래―는 우리의 현재에 계속해서 영향을 미치며, '나라가 임하시오며'라고 계속해서 기도할 때 이 미래는 우리가 지금 여기서 하는 일을 위한 전망을 제공한다."[9]

우리는 잔인한 세상에 산다. 그러나 그리스도의 생명과 성령의 일하심 가운데 우리는 구속을 맛보고 또한 그 일에 조금이라도 동참한다. 우리의 기다림에는 텔로스(telos), 즉 궁극의 목적과 목표가 있다. 평화가 다스리고 하나님이 예배를 받으시는 나라라는 텔로스가 우리에게 있기에, 하찮은 사치와 약간의 편안함으로 삶을 감싼 채 이 세상의 정의와 온전함을 향한 하나님의 선지자적 부르심에 무감각해지도록 우리 자신을 결코 내버려 둘 수 없다. 샬롬의 미래를 향한 우리의 소망은 심지어 우리의 평범한 일상에서도 우리로 하여금 그 실재를 향해 달려가게 한다. 일과 기도와 섬김의 시간을 통해 자비롭고 선교적으로 성실하게 살아 낸 우리의 작은 일상은 아직은 볼 수 없는 열매를 언젠가 맺을 것이다.

만약 우리 여행자들이 35번 주간 고속도로의 교통 정체 속에서 우리의 텔로스를 잊어버린다면 어떻게 될까? 만약 우리 모두가 목적지, 우리가 가려고 하는 곳을 향한 우리의 헌신을 내버리고 이 지저분한 주간 고속도로가 우리에게 주어진 전부라고 믿게 된다면? 만약 우리 모두 차를 버리고 고속도로의 우중충한 갓길에 오두막을 짓는다면? 누군가 트럭 트렁크에서 바비큐 그릴을 꺼내 고기를 굽기 시작한다. 누군가는 포커 게임을 시작할지도 모른다. 우리는 아무 데도 가지 않는다. 마침내 우리는 "어디에도 갈 곳이 없어요"라고 말하며 그저 할 수 있는 한 편안해지려고 노력한다. 사람들은 음식을 비축하기 시작한다. 싸움이 일어난다. 기름을 훔치고, 에어컨을 계속 켜 놓기 위해 점프선을 놓고 싸운다. 자동차 매연과 콘크리트 기둥

이 우리에게 주어진 모든 것이라 믿으면서 각자 자기 영역을 표시하고 주간 고속도로에서의 삶을 어떻게든 이어 가기 위해 애쓴다. 세상은 언제나 이런 방식으로 존재해 왔고 언제나 이런 방식으로 존재할 것이라 믿는 것이다.

이것은 재앙이다. 더 큰 실재와의 접촉점을 상실한 채 우리는 우리의 텔로스를 잃어버리고 더 나은 삶의 방식이 있음을 잊어버린 것이다.

미래를 지향하는 기독교의 시간은 우리가 길 위의 사람들임을 일깨워 준다. 우리로 하여금 장차 올 것을 참을성 있게 기다리면서도 결코 우리의 텔로스를 포기하지 않는 대안적 사람들로 현재를 살아가게 해 준다. 우리는 편안해지지 않는다. 우리는 정의를 추구하고 자비를 실천하며 장차 올 그 나라를 큰 소리로 전한다.

교회력은 우리가 다른 이야기에 의해 살아가는 사람들임을 일깨워 준다. 우리는 단지 다른 이야기에 의해 살아갈 뿐 아니라, 그 이야기 **안에서** 살아간다. 하나님은 만물을 구속하고 계신다. 우리의 삶 심지어 우리의 하루하루까지도 이러한 구속의 일부다. 천천히 혹은 빨리 우리 모두는 어디론가 가고 있다는 진리 안에서 살아간다. 보다 정확하게 말하자면, 그 어딘가가 (혹은 누군가가) 우리에게 가까이 다가오고 있다.

구속은 우주의 갓길에 서 있는 우리에게로 부딪혀 오고 있다. 날마다 조금씩 가까이. 우리 주님이 우리를 위해 집을 준비하고 계신다고 약속하셨기에 우리에게는 소망이 있다. 우리는 기다리고 있지만, 집에 갈 것이다.

09 | 친구와 통화하기

회중과 공동체

저녁을 먹고 설거지를 하고 아이들을 재우는 고된 과정을 마친 뒤 모든 것이 잠잠해지기 시작하면, 나는 친구 레베카에게 전화를 한다. 메시지를 남긴다. 그 주에 있었던 좋은 일과 나쁜 일을 주저리주저리 늘어놓는다. 친구는 메시지를 듣고 나에게 다시 전화를 할 것이다. 그리고 내 말에 맞장구를 쳐 주고 자신의 하루에 대해 혹은 실망한 일에 대해, 스튜디오 오프닝이 어땠는지에 대해 얘기할 것이다.

레베카는 매들린 렝글(Madeleine L'Engle)의 표현을 빌리자면 "내 오른팔 같은 친구"다.[1] 레베카가 없다면 나라는 존재가 설명이 안 될 만큼 우리의 삶은 함께 묶여 있다. 레베카는—내게 몇 없는—그런 친구다. 그녀는 나를 안다. 나의 좋은 면과 나쁜 면을 모두 안다. 우리는 아름다움, 버터, 도시 계획에 관한 열정을 공유하며, 같은 동네에 살 때엔 매주 수요일 밤마다 둘 다 너무 좋아하는 과자와 텔레비전 프로그램을 함께 즐겼다. 우리는 서로를 사랑한다.

2년 전 내가 다른 주로 이사하게 되었을 때, 우리는 크게 슬퍼하며 작별 인사를 해야 했다. 그래도 우리는 서로의 집에 놀러 간다. 그리고 그 사이에는 언제든 시간이 날 때마다 서로에게 전화를 한다.

레베카에게 전화를 하는 것은 어려움과 걱정과 실패와 의심을 쏟아 놓고, 소망과 기쁨과 성공을 축하하며, 기도를 부탁하거나, 육수를 잘 끓이는 방법을 물어보기 위해 달려가는 장소, 곧 일종의 고해성사를 하는 방이 되었다.

레베카는 직업 예술가다. 그녀는 모든 것에서, 심지어 내게서도 아름다움을 찾는다. 레베카가 내게서 발견하는 기쁨은 어두컴컴하고 혼란스러운 내 영혼 안에도 불타는 사랑스러움이 남아 있으며, 그러한 사랑스러움을 그곳에 두셨고 여전히 가꾸고 계신 분이 분명 하나님이시라는 희망을 안겨 준다. 레베카와 나는 다른 가까운 친구들과 함께 일상의 가장 밑바닥에서 복음을 이해하려고 수년간 씨름해 왔다. 레베카는 나의 믿음의 조력자다.

* * *

나는 예배 중 서로에게 말하는 순서를 좋아한다. 역사적 예전에서 이는 말씀과 기도문 교독을 통해 이루어진다. 내가 속한 교회에서는 매주 시편을 교독한다. 한 사람이 모두를 위해 낭독하는 대신(그 자체로도 훌륭한 실천이지만), 우리는 함께 번갈아 가며 읽는다. 주거니 받거니 하면서 우리는 동일한 거룩한 문장들을 나눈다. 기도문과 말씀을 교독할 때, 나는 회중의 얼굴을 바라본다. 어떤 사람은 완전히 몰입해 있고 어떤 사람은 지루해하고 어떤 사람은 짜증이 나 있고 많은 사람이 지쳐 보인다. 또 한 주를 살아 냈다. 우리는 교회로서 서로에게 생명의 말씀을 들려주며 서로를 위해 이 자리에 있다. 다시금.

그러나 이러한 주고받음은 단지 서로를 향한 것만이 아니다. 교송(交誦)을 부를 때 우리는 모두 함께 하나님께 말을 건네고 있다. 일치된 기도, 심지어 완전히 똑같은 문장을 사용해서 말이다. 캐넌 메리 마가드 헤이스(Canon Mary Maggard Hays) 목사가 설명하듯, "시편을 교송하거나 교독할 때 우리는 그저 서로 대화하는 것이 아니다. 우리는 또한 하나님께 말하고 있다. 서로에게 그리고 하나님께 그분의 약속과 우리의 불평을 상기하는 것이다. 우리는 도와 달라는 울부짖음을 서로 증언하며, 하나님께 우리 모두가 이 일에 함께하고 있음을 일깨워 드리고 있다."[2]

은사주의적이고 에너지가 넘치는 전통에서는 부름과 응답의 시간을 더 자주 갖는다. 회중과 설교자가 교감을 나누면서 '아멘'과 '할렐루야'를 통해 함께 설교를 완성해 간다.

그리스도인의 우정은 부름과 응답의 우정이다. 우리는 서로에게 우리가 누구이며 하나님이 누구신지에 대해 주거니 받거니 반복해서 말한다. 저녁을 먹으며, 산책을 하며, 아플 때 음식을 해다 주며, 전화기 너머로 기도하며, 우리는 서로에게 좋은 소식을 전한다. 그리고 서로에게 좋은 소식이 되어 간다.

나와 가장 친한 친구들은 망설임 없이 기꺼이 나와 함께 진흙탕에 빠진다. 나를 있는 그대로 바라봐 주고, 그 가운데서도 그리스도 안에 있는 우리의 소망을 말한다. 이러한 친구들의 삶은 나에게 설교가 된다. 기계적으로 대답하거나 값싼 격려를 해 준다는 의미가 아니다. 두려움이나 당혹감을 털어놓은 뒤 상대방에게서 깔끔하게 정리된 짧은 설교를 듣는 것만큼 나쁜 일도 없다. 그 대신 우리는 최선을 다해 삶의 경험을 진리의 말씀에 비추어 본다.

일요일마다 우리가 교독하는 시편은 쉬운 답을 제공하지 않는다. 시편은 승리감에 들뜬 찬양부터 가장 깊은 우울까지 모든 범위를 아우른다. 원래 우리는 복잡한 존재라는 사실을 있는 그대로 인정한다. 그리스도인 친구들이 바로 이와 같다. "주 우리 하나님, 주님의 이름이 온 땅에서 어찌 그리 위엄이 넘치는지요!"(시 8:1)라고 말할 때도, 혹은 "주님, 어찌하여 주님은 나를 버리시고, 주님의 얼굴을 감추십니까?"(시 88:14)라고 말할 때도, 그들은 우리를 부르고 우리에게 응답한다.

나와 레베카의 우정은 문자적으로 부름(call, 전화하기)과 응답의 우정이 되어 가고 있다.

우리는 전화를 한다. 메시지를 남긴다.

우리는 다시 전화를 한다.

우리는 응답한다.

이러한 부름(전화하기)과 응답은 좋은 우정, 함께하는 삶, 성도의 교제가 갖는 리듬이다.

* * *

지금까지 몇 세기에 걸쳐 복음주의자들은 하나님과의 개인적 관계, 개인의 회심과 영적 성장에 거의 배타적으로 초점을 맞추어 왔다. 많은 사람이 교회의 목적은(애초에 교회가 꼭 필요하다면) 일차적으로 개인의 영적 필요를 채우거나, 일종의 거룩한 사교 클럽같이 나와 생각이 비슷한 사람들과 어울리는 것이라고 느낀다.

만약 우리가 교회란 단지 가치를 공유하는 사람들의 자발적 사회라고 믿는다면 당연히 그것은 선택 사항이다. 만약 교회가 하나님과의 개인적 관계에 도움이 된다면 잘된 일이다. 그렇지 않다면 일요일에도 문을 여는 다른 곳을 여러 군데 알려 줄 수 있다.

예수님과의 개인적 관계가 그리스도인의 삶에서 중요한 부분일지라도 그것이 전부는 아니다. 우리와 하나님의 관계가 그리스도와의 친밀한 관계로 축소되어서는 안 된다. 그것은 언제나 그 이상이다. 개신교, 가톨릭, 정교회 할 것 없이 역사를 통틀어 모든 그리스도인은, 그리스도의 몸이자 신부인 교회와의 살아 있는 관계 밖에서 그리스도와 관계를 맺기란 불가능하다고 고백해 왔다. 장 칼뱅(John Calvin)은 『기독교 강요』(Institutes of the Christian Religion)에서 (갈라디아서 4장에 나오는 바울의 말에 근거한) 유명한 키프리아누스(Cyprian)의 격언을 인용한다. "교회를 어머니로 두지 않는 자는 더 이상 하나님을 아버지로 둘 수 없다."[3]

"하나이고 거룩하며 보편적이고 사도적인 교회"를 믿는다는 니케아 신조를 고백할 때 이는 혼자서 혹은 친구들 중에 핵심 멤버 몇 명과의 관계에서만 그리스도를 알 수는 없다는 의미다. 그 대신, 우리는 그리스도가 시작하시고 세우신 세계적이고 역사적인 교회를 의지한다. 예수님을 예배할 때, 우리는 하나님이 그분의 증언자로 삼아 오신 수천 년에 걸친 셀 수 없는 그리스도인에게 빚을 진다. 우리가 예수님에 관해 조금이라도 알 수 있었던 이유는 오직 그분의 제자들이 친구들과 이웃과 원수들에게 그분에 관해 말했기 때문이고, 사도들이 그분의 가르침과 그분에 관한 이야기를 설교하고 글로 남겼기 때문이며, 세대를 거듭하며 믿는 자들이 어디를 가든 그분의 메시지와 함께 갔기 때문이다. 성경은 이러한 과정을 '파라도시스'(paradosis), 즉 복음의 신실한 전수, 실제 사람들과 함께 실제 시간 안에서 언제나 구현되고 일어나는 과정이라고 부른다(고전 11:2; 살후 2:15).

나와 레베카는 단지 관계를 맺고 있는 사이가 아니다. 단순히 하나님과 서로를 사랑하는 친구가 아니라는 의미다. 우리의 관계는 제도적이고, 의례로 감싸여 있다. 우리는 둘 다 세례를 받았다. 우리는 성찬에 함께 참여한다. 5년 동안 레베카와 나는 일요일마다 성찬식에 함께 참여했다.

우리는 전 세계 전 시대의 모든 믿는 사람과 함께 '부름과 응답'의 관계를 맺고 있다. 아름답고 신비하게도 레베카와 내가 공유하는 공동체는 우리 두 사람만의 것이 아니다. 그것은 교회의 모든 사람이 이루는 공동체다.

우리는 여기에 함께하고 있다.

예전에 레베카와 내가 함께 다니던 교회의 사제였던 토머스는 우리에게 수 킬로미터로 이어진 성찬식 테이블을 상상해 보라고 자주 말했다.[4] 성찬식에 참여할 때 우리가 신비로운 방식으로 그리스도 안에 있는 모든 사람과 함께 먹고 마시고 있음을 일깨워 주기 위해서였다. 우리는 도로시 데이, 성 아우구스티누스, 사도 바울, 빌리 그레이엄, 플래너리 오코너 그리고 우리 할머니와 함께 성찬에 참여한다. 언젠가 우리 모두는 얼굴을 맞대고 그리스도와 함께 축제를 벌일 것이다.

바라건대 레베카 가까이에 앉고 싶고, 무엇보다 버터가 우리 가까이에 있으면 좋겠다.

* * *

우리에게는 서로가 꼭 필요하다. 우리는 함께 사는 그리스도인의 생활에 푹 잠겨 있다. 단순한 개인적 신앙은 존재하지 않는다. 개인으로서 우리가 존재하고 행하는 모든 것은 교회 공동체에 영향을 미친다.

그러나 요즘 많은 신자는 교회의 존재 이유를 확신하지 못한다. 몇몇은 교회의 필요성을 완전히 부정하기도 한다. 우리는 역사를 통틀어 대부분의 그리스도인이 낯설게 느낄 나 중심의 신앙을 만들어 냈다. 우리는 개별 포장 성찬식 세트와 함께 거짓 복음을 만들어 냈다. 기독교 대중 작가 중 한 명은 "내가 아는 대부분의 영향력 있는 (목사들을 제외한) 기독교 지도자들은 교회에 가지 않는다"라고 쓰고, 그가 '졸업한' 대학에 교회를 비유한다.[5]

그러나 기독교가 나와 하나님의 개인적 관계일 뿐 아니라 한 민족을 부르시고 형성하시고 구원하시고 구속하시는 하나님에 관한 것이라면, 교회를 '선택' 사항으로 가볍게 취급해서는 안 된다. 그리스도는 단지 개인들에게 자신의 성령을 보내시지 않았다. 그분은 추종자들과 단지 개인적 관계를 추구하지 않으셨다. 좋은 소식은 단순히 내가 믿고 천국에 갈 수 있다거나, 내가 믿고 일군의 그리스도인 친구들 사이에서 내 삶을 살아갈 수 있다는 것이 아니다.

예수님은 백성에게 성령을 보내셨다. 믿음의 보존과 성도의 견인은 개인적 약속이 아니다. 하나님이 세대를 거듭하여 그분의 교회—백성, 공동체, 유기체, 기관—를 구속하고 지키실 것이며, 지옥의 문조차 교회를 이기지 못할 것이라는 약속이다.

20세기 중반 캔터베리 주교였던 마이클 램지(Michael Ramsey)는 이렇게 썼다. "그리스도의 교회와 교회의 생명이 그분 자신의 생명의 일부임을 모른다면, 그분의 성육신에 관한 사실 전체를 모르는 것이다.…그 몸은 그리스도의 충만함이요, 교회의 역사와 성도의 삶은 메시아의 전기를 구성하는 막이다."[6] 복음서의 빨간 글자만을 통해서 이 메시아를 완벽하게 알 수 없다. 그분의 몸인 교회에서 그분에게 동참함으로써 그분을 온전히 알 수 있다. 이렇게 한다고 해서 개인적 정체성이나 회심과 그리스도를 만난 개인적 이야기를 상실하는 게 아니다. 그 대신 우리의 작은 이야기들은 시대를 초월한 모든 신자의 이야기로 감싸지고, 이 모든 것은 그리스도의 영원한 이야기의 일부가 된다.

* * *

그러나 언젠가 흠 없이 온전하게 될 그리스도의 신부와 몸은 현재는 흠이 나고 깨져 있다.

당연한 말이지만 교회 안에 제도적 분열은 명백히 존재한다. 나에게는 또 다른 '오른팔 같은 친구'인 페이스가 있다. 페이스는 내 결혼식에 참석했고, 나도 그녀의 결혼식에 참석했다. 페이스는 가톨릭 신자다. 우리는 서로를 깊이 사랑하고 존중하지만 함께 성찬에 참여하지는 않는다. 우리의 우정은 그리스도의 몸에 난 균열을 담고 있으며 우리는 이를 애통해한다.

그리고 우리 중 많은 사람은 제도적 분열이라는 암울한 현실을 넘어 교회 안에서 갈라진 관계나 제도적 죄악 때문에 생긴 상처를 간직하고 있다.

레베카와 나는 우리의 우정이 깨지는 경험을 했다. 서로에게 상처를 주었고, 길고 힘든 대화를 나누어야 했다. 기꺼이 그렇게 할 만큼 레베카는 충분히 너그러웠고, 우리는 서로를 용서했다.

개인 간의 갈등도 고통스럽지만, 교회가 주는 상처는 그보다 훨씬 깊고 복잡할 때가 있다. 교회의 죄는 구조적이고 은밀하게 퍼진다. 우리는 권력 남용이나 견고한 제도의 병리적 현상 때문에 상처를 입을 수 있다. 교회를 오래 다닌 사람이라면 누구든 몇 가지 상처가 있다.

나 역시 교회에서 힘 있는 자리에 있는 사람 때문에 깊은 상처를 받았었다. 언제나 피난처였던 곳이 갑자기 거절과 비난의 장소가 되었다. 이 상처가 주는 고통은 몸으로 느낄 만큼 예리했다. 숨도 못 쉴 만큼 제대로 한 방 맞은 느낌이랄까. 교회고 뭐고 다 포기하고 싶었다. 어디를 쳐다봐도 교회의 역기능과 깨어짐만 보였다. 나는 냉소적이고 방어적으로 변해 갔다.

그렇지만 내가 다른 어디로 갈 수 있겠는가? 교회는 내가 공동체 안에서 복음을 듣는 곳이고, 말씀과 성례전을 통해 영양을 공급받는 곳이고, 그리스도의 몸을 손으로 만질 수 있는 곳이고, 하나님께 사랑받는 자로서 내가 형성되고 빚어지는 곳이었다. 그래서 가까운 친구와 멘토들과 많은 대화를 나누고 기도한 뒤, 다른 곳이기는 했지만 어쨌든 교회로 돌아갔다. 우리 이야기와 어려움을 알고 있던 새 교회의 목사님은 우리를 '걸어 다니는 부상자들'이라고 불렀다. 나는 신뢰할 수 있을지 확신이 서지 않는 사람들 사이에서 말씀과 성례전을 받을 때마다 눈물을 흘렸다. 그러나 우리 주변의 신자들은 우리를 사랑해 주었고 우리를 위해 기도해 주었다. 교회는 천천히 그리고 인내하며 우리가 다시 건강해지도록 보살펴 주었다. 형제자매들, 우리와 함께 성찬에 참여하는 이들은 우리의 고통 안에서 우리를 만나 주었고, 우리를 향한 생명과 소망의 말씀을 들려 주었으며, 다시 신뢰할 수 있게 우리에게 용기를 주었다.

교회 때문에 많은 사람이 겪는 고통은 내가 경험한 고통보다 훨씬 크다. 역사 내내 교회는 가난하고 고통받고 거부된 이들에게 따뜻한 관심을 보이는 세계의 지도자였다. 건축, 현대 의학, 예술, 더 나은 교육의 기적을 이루어 내기도 했다. 그러나 교회는 또한 추문과 폭력의 장소였다. 아동 학대, 종교 전쟁, 인종 차별, 편견, 모든 방식의 악이 그 안에 존재했다. 플래너리 오코너는 이렇게 말한다. "당신이 교회를 위하는 만큼 교회 때문에 고통받을 것이다.…유일하게 교회를 견딜 수 있게 해 주는 것은 그것이 어떤 식으로든 그리스도의 몸이고 그것이 우리를 먹이기 때문이다."[7]

나는 언젠가 교회가 이루게 될 모습에 소망을 둔다. 우리의 죄와 실패와 고통에도 불구하고 언젠가 우리는 아름답고 새로운 모습을 갖게 될 것이다. 그러나 우리의 임무는 언젠가 교회가 이룰 모습 안에 머무는 것이 아니라, 지금 교회의 모습에 정면으로 정직하게 마주하는 것, 그리스도의 몸 안에서 그리고 그 몸을 통해 그리스도를 추구하는 것이다. 램지는 우리에게 도전한다.

그리스도인은 교회란 어떤 곳이어야 하는가를 말하기 전, 먼저 그 자체의 실패와 방황하는 이들의 질문들 속에서 교회가 지금 여기에서 어떤 곳인지를 말해야 한다. 교회의 모순과 왜곡 그리고 완벽에 대한 기대와 함께, 지금 그것을 응시함으로써 우리는 있는 모습 그대로의 교회의 의미를 물어야 한다. 우리의 시선을 교회에 고정할 때 우리는 예수 그리스도의 수난을 보지만 믿음의 눈은 그 이상을, 곧 전능하신 하나님의 능력을 본다.[8]

교회의 죄와 실패 안에서 우리는 그리스도가 고통당하시고 죽으신 이유인 어두움과 추함을 본다. 그러나 또한 하나님은 죄인들 한가운데서 구속과 회개와 변화를 가져오실 수 있다는 빛나는 소망을 본다. 우리는 피곤해서 흐려진 눈으로 하나님의 능력을 바라본다.

 문제를 한층 더 복잡하게 만드는 것이 또 있다. 교회는 나와 상관없는 실체가 아니다. 나는 바깥에서 안을 들여다보지 않는다. (바울의 표현대로) 손이 몸의 일부이듯, 나 역시 교회의 일부다. 즉, 내가 교회 안에서 죄를 볼 때 나도 그 죄에 연루되어 있다. 나도 교회의 깨어짐에 한몫 거든다. 나는 다른 이들에게 상처를 줌으로써 신랑에게 성실하지 못했다. 모든 교회의 지도자와 교인은 중요한 의미에서 실패자다. 그러나 또한 여기에서 우리는 하나님의 능력을 본다. 이 그리스도의 몸에서 우리는 영광스럽거나 참혹한 인간으로 존재할 수 있는 장소를 발견한다. 이곳에서 우리는 실패할 수 있고 회개할 수 있으며 성장할 수 있고 은혜를 받고 새로워질 수 있다. 가족처럼 심지어 가족보다 더 가깝게 우리는 연약한 인간으로서 하나님의 선하심과 그분이 이루시는 변화 안에서 함께 살아가는 법을 배운다.

* * *

그리스도인의 믿음에서, 보편적인 것은 특정한 것을 통해 알 수 있고 추상적인 것은 구체적인 것을 통해 알 수 있다는 말은 철학적 원칙에 가깝다. 우리는 우리가 알고 이름을 부를 수 있는 특정한 사람들을 사랑함으로써 인간을 보편적으로 사랑한다. 우리는 구체적인 장소, 즉 특정한 계곡이나 언덕 혹은 도시나 동네를 사랑함으로써 세상을 사랑한다. 예수님의 성육신은 이 원칙의 절대적 예다. "만물을 충만케 하시는" 분이 구체적 장소와 시간 안으로 들어와 손으로 만질 수 있는 몸을 지닌 한 명의 아기가 되셨다.

교회는 머릿속의 추상적 이상으로만 존재하기 쉽다. 나는 교회에 관한 이야기(교회론)를 우주적 범위에서 학구적으로 혹은 칭송의 어조로 떠들어 댈 수 있다. 흰 옷 입은 성도들의 이미지도 막연하게 불러일으키면서 말이다. 그러나 보편 교회에 대한 우리의 사랑은 구체적인 지역 교회의 딱딱한 장의자(혹은 접이식 의자)에서 실천된다. 지역 교회와 지역 교구는 보편 교회로 들어가는 작고 단단한 입구다. 그것은 그리스도인 공동체의 가장 작은 단위이자 우리가 말씀과 성례전 안에서 하나님을 만나는 장소다. 고대적이고 전 지구적이며 보편적인 그리스도의 몸을 알고 사랑하고 섬기는 일은 오직 우리가 속한 지역의 적나라한 현실을 통해서만 가능하다.

그리고 이 지점에서 모든 것이 더 어려워지고 더 흥미로워진다. 교회 안에는 레베카 같은 사람들, 즉 나를 알고 나를 이해해 주며 소그룹으로 모여 성경 공부와 스파게티를 나누고 내가 신뢰하고 함께 웃을 수 있는 사람들이 내 가까이 앉아 있기 때문이다. 그러나 내 주변 장의자에는 다른 종류의 사람들도 앉아 있다. 거슬리거나 어색한 사람들, 내가 회의적으로 생각하는 정치적 입장에 열렬히 동조하는 사람, 성도의 공동체 일원이라는 점 외에는 나와 공통점이 하나도 없는 사람들. 아마 나는 매주 부름과 응답을 실천하는 이들 중 일부와는 오랫동안 차를 타고 가는 여행은 절대로 함께 가고 싶지 않을 것이다.

그리스도의 몸은 온갖 종류의 사람들로 이루어져 있고, 그중 일부는 불쾌하고 무례하며 독선적이고 엉뚱하다(확신컨대, 다른 이들도 합당하게 나에 대해 똑같이 판단할 것이다).

처음부터 교회 안의 관계에는 문제가 많았다. 갈라디아서에서 볼 수 있듯, 바울이 베드로를 면전에 두고 공개적으로 비난

> 승리하는 삶을 살고 있던 이들에게는
> 삶을 뒤흔들어 놓는 이런 구세주가 필요 없었기 때문이다.
> 하나님의 사람들은 실패하고 부적응하고 깨어진 이들이다.

했을 때, 저녁 식사에 초대된 사람들은 아마도 아주 어색했을 것이다. 내가 거기 있었더라면 아마 주제를 바꾸려 애쓰거나 모두에게 후식을 권한다거나 사람들에게 베드로와 바울을 파티에 함께 초대하지 말라는 쪽지를 돌렸을 것이다.

우리는 사랑스럽고 좋아할 만한 사람에게 끌린다. 그러나 예수님이 함께 시간을 보내신 사람들, 예수님이 가장 끌린 사람들은 어딘가 좀 이상하고 단정치 못하며 소외된 이들이었다. 승리하는 삶을 살고 있던 이들에게는 삶을 뒤흔들어 놓는 이런 구세주가 필요 없었기 때문이다. 하나님의 사람들은 실패하고 부적응하고 깨어진 이들이다. 이것은 좋은 소식이지만 동시에 굴욕적이다.

하나님은 내 주변 회중석에 앉은 사람들을 사랑하시고 그들 안에서 기쁨을 찾으시며 나 역시 용기를 내서 그들 안에서 아름다움을 찾아내게 하신다. 이 세상에서 그분의 백성을 사랑한다는 것은 그들 안에서 그리스도를 보고, 그들 가운데서 살아

가고 그들과 함께 말씀과 성례전을 받는다는 의미다. 같은 교회 성도들 중 처음 만났을 때는 결코 좋아할 수 없다고 생각했지만 점차 진심으로 좋아하게 되는 이들이 있다. 몇 년 전에 같은 교회를 다녔던 어떤 어르신이 생각난다. 부인과 사별한 어르신은 기름을 발라 매끈하게 뒤로 빗어 넘긴 머리를 하고 광낸 구두를 신고 담배 연기와 파스 냄새를 미세하게 풍겼다. 처음에 그분은 무언가 기분 나쁜 말을 했고 약간 짜증이 나 보였다. 그 후로 우리는 교회에서 계속 마주쳤고 나는 그분이 주변 사람들을 섬기는 모습을 여러 차례 보았으며 그분을 조금씩 알아 갔다. 그분은 다리를 절었고 만성 통증에 시달렸다. 얼마 뒤 그분이 교회 뒤쪽에서 어린아이들이 춤추는 모습을 볼 때면 늘 환히 미소 짓는다는 사실을 알아챘다. 나는 점점 그분을 좋아하게 되었고, 심지어 그분을 사랑하는 마음도 여러 번 들었던 것 같다. 그분은 매주 절뚝이면서 성찬식에 참여하기 위해 앞으로 나갔다. 모가 나고 때로는 고약한 성미를 보이는 깨어진 한 노인은 구속을 향해 절뚝이며 걸어가고 있었다.

이렇듯 우리는 회중석에서 우리 주변에 앉아 있는 깨어진 다른 사람들과 더불어 우리의 믿음을 살아 낸다. 그것은 별로 재미가 없다. 지루하거나 부담을 준다. 종종 번잡해지기도 하고 고통스럽기도 하다. 그러나 내 주변의 이러한 그리스도인들은 서로에게 부름과 응답이 된다. 우리는 서로에게 좋은 소식을 상기시킨다. 교회 안의 모든 성도와 죄인은 이 복음을 함께 나눈다. 이들 중 한 명이라도 빠진다면 우리의 식사는 불완전할지 모른다. 이들 중 한 명이라도 빠진다면 그것은 좋은 소식이 아닐지도 모른다. 레슬리 뉴비긴(Lesslie Newbigin)의 말처럼 "우리가 함께 온전함을 이룰 때까지 우리 중 누구도 온전함을 이룰 수 없다."⁹ 우리가 받은 구원은 함께 받은 구원이다.

* * *

분명히 말하는데, 레베카와 나 둘만으로는 교회가 될 수 없다. 가까운 친구들과의 관계도 교회를 대신할 수 없다. 교회는 영원한 몸이자 국제적 유기체, 모든 민족과 방언과 나라로 이루어진 조직이다(계 7:9). 그러나 우리는 한 주 동안의 작은 실재들을 통해, 즉 사우스 오스틴에 있는 교회에 출석하고 성찬에 참여하고 주변 사람들을 알아 가고 새 방문자를 만나고 그리스도인 친구들과 만나 커피를 마시고 형제자매들 사이에서 삶을 살아감으로써 그리스도의 교회라는 거대한 실재 안으로 들어간다.

레베카와 내가 서로를 잘 사랑하고 서로를 위해 기도한다면, 그러한 우리의 우정은 그리스도의 몸이라는 더 넓은 유기체의 사역과 선교의 일부다. 내 아이들의 세례식을 함께 축하하고(레베카는 컵케이크를 만들어 왔다), 소그룹 성경 공부를 하고,

서로에게 잘못한 것을 고백하고, 함께 밥을 먹거나 성찬식에 참여할 때, 우리는 국제적이면서 아주 오래된 그리스도인 공동체의 생명에 참여한다. 우리는 서로에게 그리고 지구 반대편의 이들에게 속해 있다.

그리고 오늘 화요일 저녁, 남는 시간에 친구에게 전화를 걸고 있는 나는 큰 이야기의 일부다. 그것은 단지 나와 레베카의 우정에 관한 큰 이야기가 아니라, 그분의 신부를 구속하고 계시는 그리스도의 우주적 이야기다. 레베카와 나는 결혼 생활에서 겪는 어려움, 결정해야 하는 고민거리들 혹은 우리가 읽은 좋은 책에 대해 나눈다. 그리고 이러한 소소한 부름과 응답 안에서 우리는 세례를 받은 이들로서, 교회 안의 이들로서, 그리스도께 속해 있으며, 그리스도 안에서 서로에게 속한 이들로서 함께 살아간다.

10 | 차 마시기

성소, 음미하기

거실에 흩어져 있는 장난감과 양말을 무시하고 소파에 앉아 차를 마시는 중이다. 잠깐 멈춰 앉아 주의를 기울여 제일 좋아하는 밝은 흰색 머그잔 안에서 잔물결을 일으키는 진한 차와, 창밖에 보이는 늦겨울의 구부러진 나뭇가지들과, 얼굴에 와 닿는 따뜻한 온기와, 마룻바닥을 가로질러 긴 사각형 모양으로 늘어져 있다가 점점 줄어드는 빛을 음미한다.

우리 집에서 이런 조용한 시간은 드물다. 이런 시간을 가지려면 의지적으로 일과 방해물과 성가신 걱정거리들을 옆으로 제쳐 두어야 한다.

창세기 1장에서 하나님은 각각의 창조 사역을 마치실 때마다 그분의 창조물에 대해 "좋다"고 선언하셨다. 그리고 우리로 하여금 넘치도록 후하게 그 선함을 마음껏 즐길 수 있게 하신다. 시편 기자가 우리에게 주님의 선하심을 맛보고 알라고, 단지 하나님의 선하심을 사유하고 고백할 뿐 아니라 그것을 맛보라고 청하는 것은 우연이 아니다. 나의 몸과 이 차와 조용한 노을빛은 나의 감각을 통해 하나님의 선하심을 내게 가르쳐 주고 있다. 나는 하나님의 선하심을 맛보고 듣고 느끼고 보고 냄새 맡고 있다.

즐거움은 아름다움과 선함을 마주했을 때 보이는 인간의 깊은 반응이다. 이러한 즐거움의 순간―기쁨, 향락, 경외, 탐닉의 순간―우리의 몸이 충동적으로 하나님께 응답한다. "네, 맞습니다. 당신의 창조는 정말로 좋습니다."

* * *

나는 따뜻한 차를 좋아한다. 또한 커피, 특히 여름에 마시는 차가운 커피를 좋아한다. 좋은 책을 읽으며 욕조에 몸을 담그는 것과 양철 지붕 위로 세차게 떨어지는 빗소리와 집에서 만든 과카몰리(guacamole)를 좋아한다. 해 지기 직전 조용한 저녁 시간에 산책하는 것도 좋아한다. 계절에 따라 바뀌는 풍경을 관찰한다. 나의 사고는 삶에 관한 거대한 질문에서 창가의 고양이로, 한 주 전 나눈 힘든 대화로, 이웃집 외벽 색깔로 옮겨 간다. 때로 정말 좋은 산책을 하는 동안에는 내가 무슨 생각을 하고 있는지조차 의식하지 못한다. 나는 그저 걸을 뿐이고 차분해진 마음으로 집에 돌아온다.

조너선에게는 음악이 휴식이다. 어떨 땐 하이든을 듣고 어떨 때는 1980년대 워싱턴 DC 하드코어를 듣는다. 두 음악 모두 각각의 아름다움과 즐거움을 지녔다. 조너선과 나는 금요일 밤에 함께 텔레비전이나 영화 보기를 좋아한다. 그는 죽고 죽이는 좀비가 나오는 종말물을 좋아하고, 나는 멋진 사람들이 나누는 대화를 좋아한다. 어쨌든 우리는 타협을 이룬다.

신비롭고 기이하게도 우리가 차의 어딘지 모를 씁쓸한 맛, 피부에 닿는 햇살의 느낌, 잘 익은 아보카도, 완벽한 기타 튕기는 소리, 훌륭한 반전 스토리를 즐길 때 하나님은 우리보다 더 즐거워하신다. 『스크루테이프의 편지』에서 선임 악마 스크루테이프는 환자가 아주 작은 즐거움을 경험하도록 내버려 둔 것에 대해, 예를 들어 아름다운 곳을 산책하고 차를 마시고 좋은 책을 읽되 "친구들에게 아는 척하려고 책을 읽은 게 아니라 진짜 좋아서" 읽는 것을 내버려 둔 것에 대해 부하를 문책한다. 스크루테이프는 즐거움과 고통은 둘 다 "너무나도 명백한 현실이기 때문에…그것을 느낀 사람에게 현실의 시금석 노릇을 하게 되는 법"이라고 말한다.[1] 그는 사람들로 하여금 어떤 "개인적 취향들…크리켓을 즐긴다거나 우표를 모은다거나 코코아 마시는 일처럼 아무리 사소한 취미라도" 갖게 해서는 안 된다고 사악하게 경고한다. 즐거움을 누리는 작은 실천은 하찮아 보일 수 있다. 그러나 악마는 그 안에서 "일종의 순수와 겸손과 무아(無我)"를 본다.[2]

* * *

문화와 즐거움의 관계는 복잡하다. 한편으로는 우리가 즐거움에 집착하는 것처럼 보인다. 우리는 지나치게 탐닉하고 지나치게 먹는다. 오락 산업에 중독되어 있고 화면 안팎으로 외설물과 성적 농담과 폭력에 치인다. 아이러니하게도 탐욕과 소비주의는 우리의 즐거움을 무디게 만든다. 탐닉하면 할수록 즐거움이 줄어든다. 우리는 쾌락주의적 회의주의자며, 탐욕스런 금욕주의자다. 소비주의 사회에서 우리는 즐거움을 찾기 위해 끝없이 에너지와 돈을 소비하지만 만족하는 법은 없다.

또 다른 강력한 문화적 동인은 실용주의다. 실용주의는 아름다움과 향락에 대한 우리의 욕망을 폄하한다. 우리는 심미적 가치를 위해서가 아니라 단지 차를 세워 둘 곳이 필요해서 주차장을 만든다. 일중독과 끊임없는 접속은 순간의 즐거움에 거하는 능력을 깎아 먹는다.

교회는 즐거움에 반대하는 집단으로 유명하다. 일반적으로 많은 사람은 H. L. 멩켄(Mencken)이 청교도를 냉소적으로 묘사한 방식을 따라 그리스도인에 대해 "누군가 어디선가 행복해할지도 모른다는 두려움에 몸을 떠는" 사람들로 특징짓는다.[3]

실제로는 교회가 향락과 즐거움의 기술을 주도해 왔다. 신약학자 벤 위더링턴(Ben Witherington)은 커피 문화를 창조한 것이 스타벅스가 아닌 교회라고 지적한다.[4] 처음 커피를 발명한 사람은 에티오피아의 수도승이었고, 카푸치노(*cappuccino*)라는

> 커피는 사치에서 나왔다. 사치스러운 사람들은
> 볶은 원두와 우유 거품의 즐거움으로부터 기술을 만들었고
> 사치스러운 하나님이 바로 이들을 만드셨다.

단어는 이탈리아 카푸친(Capuchin) 수도승들의 의복에 사용되었던 갈색의 색조를 지칭한다. 커피는 사치에서 나왔다. 사치스러운 사람들은 볶은 원두와 우유 거품의 즐거움으로부터 기술을 만들었고 사치스러운 하나님이 바로 이들을 만드셨다.

* * *

복음이 형성하는 문화는 선하고 바른 향락, 경축, 육감을 귀하게 여긴다. 기독교 예배와 공동체는 미의 유산을 남겼다. 렘브란트의 회화, 제라드 맨리 홉킨스의 시, 바흐와 U2의 음악, 바실리카, 도상학, 킹 케이크, 기네스, 수제 맥주 등 목록은 끝없이 이어진다. 멩켄이 조소했던 청교도조차 일중독과 스트레스에 시달리는 현대 미국인과 비교하면 즐거움의 귀감처럼 보인다. 청교도 공동체는 한 달 중 하루를 공동체 레크리에이션에 할애했다. 그날은 놀고 즐기는, 도시 전체에서 큰 파티가 열리는 날 같았다.[5] 고정 관념과는 달리 청교도는 또한 부부가 즐겁게 성관계하는 것을 적극적으로 지지했고 이는 여성에게도 마

찬가지였다.⁶

하나님의 창조 세계를 즐길 때 우리는 하나님 자신을 반영한다. 하나님은 품질 검사표에 체크를 하고 일찍 퇴근하고 싶어 하는 사무적인 매니저처럼 창조 세계를 향해 금욕적으로 "좋다"고 말씀하신 것이 아니다. 하나님은 바다 물결의 완벽한 음향, 다크 초콜릿의 절묘한 강렬함이 주는 황홀함, 개똥지빠귀 알의 영광과 공작의 울음소리를 기뻐하신다.

G. K. 체스터턴(Chesterton)은 하나님에게서 어린아이의 경탄을 보았다. 아이들은 아름다움과 즐거움을 지겨워하지 않는다. 마음껏 즐거워한다. 깃털을 찾거나 게임을 만들어 내거나 사탕을 먹는 일에 시간을 쓰는 데 죄책감을 느끼지 않는다. 체스터턴은 하나님이 열정적인 아이처럼 자신의 창조 세계의 즐거움을 탐닉하시는 것을 상상한다.

어린이들은 생명력이 충만하고 그 마음이 열정적이고 스스럼없기 때문에, 맘에 드는 일들이 계속 되풀이되기를 원한다. 아이들은 언제나 "또 해 줘요"라고 말하고, 어른은 그 말대로 하고 또 하다가 지겨워 죽을 지경이 된다. 어른들은 단조로움을 크게 기뻐할 만큼 강하지 않기 때문이다. 그러나 하나님은 단조로움을 매우 기뻐하실 정도로 강하신 듯하다. 그래서 아침마다 해를 향해

"또 해 봐" 하고 말씀하실 수 있다. 물론 저녁마다 달에게 "또 해 봐" 하고 말씀하시는 것도 마찬가지다. 모든 데이지 꽃이 서로 빼닮은 이유는 기계적 필연성 때문이 아닐 것이다. 하나님이 각 데이지 꽃을 따로따로 만드시지만 그 작업을 결코 지겨워하지 않으셔서 그럴 것이다. 그분은 영원한 유아기의 욕구를 가지고 계신 것인지 모른다. 우리는 죄를 짓고 늙어 가지만, 우리의 아버지는 우리보다 젊으셔서 그럴 것이다.[7]

우리는 죄를 짓고 늙어 가며, 우리 주변의 놀라운 것들에 점점 무뎌져 간다. 반직관적으로 보일 수 있지만, 즐거움을 누리기 위해서는 연습이 필요하다. 인생 내내 우리는 자유로운 탐닉과 여흥을 다시 배워야 한다.

기독교 역사를 통틀어 기독교 예배는 심오하게 감각적인 경험이자 즐거움과 기쁨을 위한 훈련의 기반이었다.

그리스도인은 노래하는 사람이다. 시편을 읊조리는 고대의 수도승에서부터 웨슬리 교도가 부르는 찬송가까지, 언제나 음악은 교회가 예술성과 아름다움으로 신학을 연마하고 기도를 실천하는 방법이었다. 일요일마다 세계 곳곳에서 우리는 노래하는 그리스도인들을 볼 수 있다. 그레고리안 성가에서 아프리카계 미국인들의 영가, 어쿠스틱 찬양 밴드, 시리아 성가, 동아프리카 콰야(kwaya)에 이르기까지 우리는 모든 기독교 회중 가운데 음악이 울려 퍼지는 것을 듣는다.[8]

최고의 교회 건축은 빛과 그림자, 공간과 구조의 아름다움을 강조한다. 이것은 모든 예배당이 똑같은 모습이라는 의미는 아니다. 나는 학교 식당에서, 초가지붕 오두막에서, 돌로 지은 천장이 높은 대성당에서, 시골의 조그마한 교회당에서 예배를 드렸다. 모든 장소에서 예배자들은 하나님이 아름다움 안에서 그리고 아름다움을 통해서 예배를 받기에 합당하신 분임을 알았고 그곳을 더욱 아름답게 만들기 위해 사려 깊게 고심했다.

예배 장소를 살짝 들여다보라. 그곳에서 우리는 향, 꽃, 밝은 흰색의 예복, 춤, 촛불, 배너, 예술 작품, 음악을 볼 수 있을 것이다. 영광. 우리는 맛보고 냄새를 맡고 듣고 보고 느낀다. 우리의 감각은 예배 안에서 살아난다.

예배당은 누군가 말을 하기 전부터 이미 이야기를 속삭인다. 우리는 계절과 함께 바뀌는 색의 행렬을 본다. 보라색, 그다음은 흰색, 그다음은 녹색, 때로는 빨간색. 공간은 촛불로 채워져 있다. '복음서 초'(gospel candle)와 '서신서 초'(epistle candle)는 언제나 함께 켜짐으로써 성경의 통일성을 상징하고, '그리스도 초'(Christ candle)라 부르는 키 큰 흰색 초는 중앙에 세워진다. 예배당을 화려하게 장식하는 계절이 있고, 모든 장식을 떼어 내고 평범하게 두는 계절이 있다. 물이 담긴 세례반과 린넨 천을 두른 테이블이 있다. 세례용 잔과 쟁반이 있다.

이러한 상징과 미학은 소리 없이 그리스도의 삶의 이야기를 다시 들려주고 신학을 가르쳐 준다. 역사의 대부분의 시간 동안 대다수의 신자가 읽는 법을 몰랐기 때문에 기독교 예배는 일부러 문자 시대 이전 방식으로 복음을 가르쳤다. 그러나 지금까지도 초등학교 1학년이든 물리학 교수든 상관없이 우리 모두는 여전히 문자 시대 이전 방식으로 복음을 배운다. 제임스 스미스의 말처럼, 우리는 우리가 믿는 것을 "몸을 움직여" 배운다.[9] 하나님이 선하신 분임을 정말로 믿고 싶다면 우리는 그것을 맛보고 눈으로도 보아야 한다.

기독교 예배는 우리가 아름다움을 알아보고 거기에 반응하도록 훈련시킨다. 우리는 인간으로 사는 것의 즐거움과 인간 문화의 즐거움을 수용하는 법을 배운다. 하나님은 즐거움과 육감에 대한 본능적 목마름을 우리에게 주셨고 이 갈망은 그것을 해갈하실 수 있는 유일한 분, 영원한 즐거움을 누리도록 우리를 만드신 하나님을 향해 있다.

이는 문화에 따라 제각각 다르게 드러난다. 언젠가 동아프리카 외딴 지역의 한 교회에서 예배할 때였다. 성배를 입술에 댔을 때 와인이 아닌 콜라 맛이 나서 깜짝 놀랐다. 그곳에서는 포도주를 구하기 힘들고 포도 주스는 아예 존재하지 않았다. 콜라는 사치스러운 음료였다. 선교사는 나에게 성탄절 아침에 아이들이 받는 두 가지 특별 선물이 고기와 콜라라고 말해 주었다. 그 교회 신자들이 예배 때 콜라를 사용하는 이유는 가장 훌륭하고 가장 좋은 것을 사용하고 싶어서였다. 실제로 그날 우리는 마음껏 즐거움을 누렸다. 그리스도는 우리 가운데 계셨고 가난의 한복판에서도 예배는 풍성했다.

예배를 드리는 공간을 우리는 예배당(sanctuary, 성소)이라고 부른다. 이는 '상투스'(sanctus) 혹은 '거룩한'에서 파생한 라틴어 '상투아리움'(sanctuarium)에서 왔다. 성소라는 단어는 거룩한 장소를 가리킨다. 그러나 또한 한때 교회들이 법적 망명지였기 때문에 이 단어는 피난처, 안식처 혹은 도피처를 의미하기도 한다.

일상에서 나는 성소의 순간, 놀라움이 쿡 찌르며 내 바로 옆으로 다가오는 순간들을 만난다. 나는 나에게 얼마나 많은 것이 주어졌는지를 기억한다. 차를 마시는 이 조용한 순간은 모든 면에서 성소의 순간, 곧 아름다움의 안식처이자 예배의 장소가 된다. 따뜻한 김이 마치 향처럼 내 얼굴을 감싼다.

* * *

C. S. 루이스는 『개인 기도』에서 즐거움이라는 주제에 대한 유

쾌한 편지를 쓴다. 그는 당신이 있는 바로 그곳에서 시작하라고 충고한다. 그는 한때 "먼저 창조와 구속과 '이생의 모든 축복'을 생각하며 하나님의 선하심과 위대함에 대해 우리가 믿는 바를 다 떠올림으로써" [즐거움을] 시작해야 한다고 생각했다.[10] 그러나 지금은 아니다. 그는 우리가 가까이에 있는 기쁨에서 시작해야 한다고 말한다. 그에게 그것은 졸졸 흐르는 개울 옆을 산책하는 것이었고, 나에게는 뜨거운 물과 말린 찻잎의 경이를 느끼는 지금 이 순간이다.

우리 대부분은 하루 중 이런 순간들을 본능적으로 좋아한다. 우리는 직관적으로 선함과 아름다움이 신성과 맞닿아 있음을, "온갖 좋은 선물과 모든 완전한 은사는 위에서, 곧 빛들을 지으신 아버지께로부터 내려[옴]"을 안다(약 1:17). 우리는 기쁨이나 즐거움을 발견할 때마다 발로 뭉개 버리려고 애쓰는 몹시 금욕적인 근본주의자들이 아니다. 우리는 이러한 순간들을 자연스럽게 감사한 마음으로 받아들인다. 그러나 이를 넘어 우리는 경배로 반응한다. 우리는 단지 즐거움에 대해 감사할 뿐 아니라, 어떤 창조주가 이토록 사랑스러움과 아름다움이 흐르는 세상을 만드시는가 경탄한다. 루이스가 말하듯 "우리의 마음은 햇살을 뛰어넘어 해를 향해 달려간다."[11]

그러나 너무 많은 것이 하루 중 이러한 작은 영광의 순간들을 방해한다. 내 경우, 신경을 곤두서게 하는 걱정들이 덜거덕 덜거덕 소리를 내면서 숨을 쉴 수 없게 만든다. 나는 내려놓는 법을, 통제하고자 하는 얄팍한 환상을 포기하는 법을, 아름다움 안으로 들어가 휴식을 취하는 법을 배워야 한다.

바쁘고 실용적이고 급하고 산만한 우리는 무관심의 습관을 키우고, 하루 중 하나님이 모습을 드러내시는 이러한 작은 순간들을 놓친다. 그러나 만약 우리가 충만히 살아 있고 온전하다면, 경배를 불러일으키기에 너무 평범하거나 너무 흔한 즐거움은 있을 수 없다.[12]

나는 의식적으로 경배의 습관을 배워야 한다. 머릿속 생각을 내려놓고 딸아이의 눈이 어떤 색인지 들여다보거나 뒤뜰 벤치에 앉아 빗소리를 듣기 위해 잠시 멈추는 법을 배워야 한다. 나의 일부분(나의 뇌에 들어앉아 있는 감독 대장)은 주변의 아름다움을 즐기기 위해 속도를 멈추는 순간에 대해 죄책감을 느낄 것이다. 차를 마시거나 아무것도 하지 않는 시간을 너무 가볍다고 혹은 허비라고 느낄 수 있다. 나는 빨래나 가계부 정리를 하고 이웃을 만나고 일을 하고 봉사 활동을 하고 가난한 사람을 섬기는 일 같은 더 중요한 일에 내 시간을 사용하지 않는 것에 대해 죄책감을 느낀다.

물론 이런 일은 중요하다. 이런 일에 시간을 사용하는 것 또한 훌륭하고 필요하다. 그러나 세상을 즐기는 데는 힘이 필요하고, 우리는 일종의 탐닉과 즐거움의 근육을 키워야 한다. 그 근육을 단련하는 일을 소홀히 한다면-나른한 오후는 절대 즐기지 않거나 언제나 냉장고를 정리하고 교회 봉사와 야근만 한다면-우리는 아름다움을 알아보는 법을 잊어버릴 테고 즐거움을 통해 볼 수 있게 훈련되는 선함의 분명한 실재를 놓칠 것이다. 우리는 주목하고 음미하고 탐닉하는 연습, 달리 말해 특권이자 책임을 시작함으로써 애니 딜러드의 표현대로 "창조 세계가 빈집 흉내를 내지 않아도 되게" 해야 한다.[13]

몇 년 전, 첫아이가 태어나고 몇 달 되지 않았을 때 나는 완전히 지쳐 있었다. 내 삶과 내 몸이 조그맣고 사랑스러운 작은 독재자의 점유물이 되어 버린 것 같았다. 처음으로 엄마가 되는 경험 외에도 내 인생은 그 시기에 격변과 혼란의 연속이었다.

그때 지혜로운 친구이자 멘토인 케니 신부님을 만났다. 나는 그에게 사순절 동안 무엇을 포기해야 하는지 모르겠다고 불평했다. 나는 극도로 힘든 상태였다. 신부님은 내게 이렇게 말했다. "꼭 뭘 포기하지 않아도 돼요. 지금 당신의 삶 전체가 사순절이니까요." 신부님은 나에게 즐거움을 실천하라고, 즉 의식적으로 즐거움을 누리는 훈련을 시작하라고 조언했다.[14]

그해 사순절에 나는 일주일에 한 번 내가 가장 좋아하는 카페에 가서 바닐라 스티머를 마시며 소설을 읽었다. 그것은 분명 시간을 들이고, 아이를 돌봐 줄 사람을 알아보고, 일을 미루어 두어야 하는 훈련이었다. 다만 자기 부인은 아니었다.

그때의 나는 고된 엄마 역할과 사역 그리고 단순히 깨어진 세상에서 어른으로 산다는 것 자체로 소진된 상태였다. 불안정했고 쉽게 짜증을 냈고 영양을 공급받지 못했고 지나치게 많은 일을 하고 있었다. 온전히 즐거움을 만끽하는 그 한 시간의 여유는 나의 공허함을 일종의 중대한 기쁨으로 채우기 시작했다. 나는 사순절에 읽으면 딱 좋을 월터 웽거린(Walter Wangerin)의 소설 『슬픔의 책』(The Book of Sorrows)을 읽기 시작했다.[15] 그리고 부활절 주간에 가족 여행을 하면서 그 책을 다 읽었다. 주인공 던 코우가 굶주리고 두려움에 떠는 코요테를 보살펴 주는 장면에서 나는 무릎을 꿇고 울고 있는 나를 발견했다. 하나님은 그 장면을 통해 나를 향한 그분의 사랑과 공급과 돌봄을 말씀하시면서 강력하게 위로하셨다. 하나님은 오직 신비라고밖에 말할 수 없는 방법으로 그 소설을 통해 나를, 정말로 무너져 있던 나를 만나 주셨다. 즐거움의 훈련을 시작할 때 이런 일이 일어나리라고는 전혀 예상하지 못했다. 즐거움 자체를 위해 무언가를 즐기는 공간을 마련했을 뿐인데, 내 인생에서 가장 강렬한 치유의 경험이 마치 깜짝 선물처럼 찾아왔다.

✳ ✳ ✳

즐거움은 선물이지만 우상이 될 수도 있다. 우리는 지나치게 탐닉한다. 중독에 빠진다. 한때 선물이었던 것이 함정이 된다. 캐럴린 아렌즈(Carolyn Arends)는 자신의 퀘소 치즈 크림소스 사랑에 관한 에세이에서 즐거움에 대한 루이스의 생각을 다룬다.

필요의 즐거움(Need-pleasure), 예를 들어 갈증이 날 때 물을 마시거나 가려운 곳을 긁을 때 누리는 기쁨은 강렬한 대신 지속 시간이 짧다. 그러나 감상의 즐거움(Appreciation-pleasures), 맛있는 냄새와 풍미, 아름다운 광경처럼 꼭 필요하지는 않지만 기쁨을 일깨우는 것들은 시간이 지날수록 그 감각이 강렬해진다. 탐욕, 즉 진한 블랙커피나 부드러운 퀘소를 향해 무한 반복해서 "앙코르"를 부르짖는 것은 감상의 즐거움에서 오래 지속되는 기쁨을 모두 소진시킨 뒤 그것을 필요의 즐거움으로 바꾸어 버릴 수 있다.[16]

"앙코르"를 부르짖는 것―좀더, 좀더, 좀더 요구하는 것―은 건강한 즐거움을 중독으로 바꾼다. 우리는 만족할 수 없는 존재가 된다. 무언가를 즐기는 우리의 능력은 그것을 거짓 우상으로 만들어 버릴 정도로 줄어든다. 오직 하나님만 예배와 즐거움의 대상이 되실 수 있다. 다른 모든 하찮은 것들은 모든 예배

> 회중 예배에서 발견하는 즐거움 그리고
> 찻잔과 따뜻한 담요와 빵 굽는 냄새에서 발견하는 즐거움은
> 서로 공생 관계—원한다면 교차 훈련이라고 부를 수도 있다—다.

를 받으시기에 합당하신 하나님으로부터 흘러나오며, 적절한 장소에서 즐겨야 한다. 아렌즈는 이렇게 요약한다. "루이스가 주장하는 답은 즐거움을 피하라는 것이 아니라 그것을 적절하게 '누리고' '해석하라'는 것이다. 즉, 손을 벌려 그것을 선물과 메시지로 받으라."[17]

즐거움을 누리기 위해서는 분별력이 필요하다. 담요로 몸을 감싼 채 넋을 놓고 텔레비전을 보는 것은 선물일 수 있지만, 우리는 또한 "죽을 때까지 놀아 보자"고 할 수도 있다.[18] 와인이나 차(tea)나 운동에서 얻는 즐거움은 그 자체로 좋은 것이지만, 무질서해질 수도 있다. 어떻게 즐거움을 누릴지 배울 때 우리는 분별의 기술을 배워야 한다. 즉 바르게 즐기는 법을, 즐거움을 잘 "누리고" "해석하는" 법을 배워야 한다.

회중 예배에서 발견하는 즐거움 그리고 찻잔과 따뜻한 담요와 빵 굽는 냄새에서 발견하는 즐거움은 서로 공생 관계—원한다면 교차 훈련이라고 부를 수도 있다—다. 루이스는 우리에게

상기시킨다. "뛰기 전에 먼저 걸어야 한다.…가장 하찮은 것에서 하나님을 경배하는 습관을 키우지 못한다면 [우리는] 가장 위대한 것에 대해서도 그렇게 하지 못할 것이다. 최선의 경우, 우리의 신앙과 이성은 그분이 경배받으실 만하다고 말하겠지만 정작 우리는 그런 그분을 **만나지** 못했을 가능성이 높다."[19]

하루 중 아름다운 작은 순간들은 우리에게 경배와 분별의 습관을 길러 준다. 그리고 회중 예배 안에서 누리는 즐거움과 감각은 이러한 작은 순간들을 구하고 받으라고 가르친다. 이 순간들이 함께 모여 우리에게 하나님의 선하심과 그분의 예술성을 알아보고 탐닉하는 기술을 훈련시켜 준다.

* * *

몇 주 전, 일을 하러 가던 길이었다. '타이어 및 자동차 부품' 가게 모퉁이에서 길을 건너려고 기다리는데, 갑자기 교회에서 크고 긴 종소리가 울리기 시작했다. 나는 그 자리에 가만히 멈춰 섰다. 우중충한 거리 한복판에서의 초월적 순간은 아름다웠고, 타이어 및 자동차 부품 할인 매장 옆에 영광이 임했다.

예전을 행하는 예배는 역사적으로 그리스도인들이 예배를 드리는 감각적 방식 때문에 때로 조롱하듯 '냄새와 종소리'라고 불렸다. 향에서 나는 달콤하고 자극적인 냄새 그리고 우리 동네 성당에서 울리던 것과 비슷한 종소리.

내가 속한 교회에서는 성찬식을 할 때 종을 울린다. 목사님이 성찬식을 준비할 때 복사(acolyte, 종종 어린아이가 담당하며 사제를 보좌한다)가 종을 울린다. 이 종은 마법과는 아무 상관이 없다. 미신도 아니다. 그냥 종이다. 우리는 성찬 예전에서 "집중하십시오"라는 의미로 종을 울린다. 종소리는 회중을 깨우고 주의를 환기시키는 알람이다. 주목하라고, 등을 펴고 앉으라고, 몸을 앞으로 기울여 우리 가운데 계신 그리스도를 보라고 우리에게 말해 주는 알람이다. 우리는 회중 예배에서 이런 종류의 체화된 아름다움 — 냄새와 종소리 — 이 필요하며, 이는 일상에서도 마찬가지다. 우리가 있는 바로 그 자리에서 그리스도를 알아보라고 우리를 일깨워 주는 것이 필요하다.

도스토옙스키(Dostoyevsky)는 "아름다움이 세상을 구원할 것"이라 했다.[20] 이것은 단순히 충격을 주기 위한 과장법처럼 들릴 수도 있다. 그러나 우리 문화가 진리에 대한 개념과 언어를 거부할수록, 아름다움의 전령인 교회는 모든 아름다움에 대한 하나님의 강력한 증인 역할을 해야 한다. 체슬라브 밀로즈(Czesław Miłosz)는 그의 시 "하루 더"에서 이렇게 쓴다.

선은 약할지라도, 아름다움은 아주 강하다.…
그리고 사람들이 선과 악의 존재를 더 이상 믿지 않을 때

오직 아름다움이 그들을 부르고 구원할 것이며

그리하여 여전히 그들은 이것이 참되고 저것이 거짓되다고 말하는 법을 알 것이다.[21]

따라서 아름다움과 즐거움과 기쁨의 큐레이터가 되는 것은 우리의 고유한 임무 중 하나다. 그 임무는 곧 진리가 아름답다는 실재를 인식하는 것이다.

좋은 차와 벌거벗은 나무들과 부드러운 그림자가 있는 이 사랑스러운 순간은 교회 종소리와 같다. 그 순간은 어스레한 나의 주의를 환기시키고 그리스도가 우리 가운데 계심을 일깨워 준다. 온 세상에서 그분의 백성이 부르는 그분의 진리의 노래가 내가 걷는 일상의 거리에 울려 퍼지고 우리 집 거실까지 흘러 들어온다.

11 | 잠

안식과 쉼 그리고
하나님의 일

최근 영국의 한 포괄적 연구에서 아이들이 걷고 뛰고 말하는 것을 학습하듯이, 쉬는 것도 학습한다는 사실이 밝혀졌다.[1] 쉼은 연습이 필요하다.

우리는 잠드는 법을 배우기 위해서 의례와 반복이 필요하다. 영유아는 자라면서 습관을 통해 졸음을 이기지 않는 법을 배운다. 규칙적인 취침 시간, 옅은 조명, 목욕, 책 읽기, 부드럽게 흔들어 주기는 아기의 두뇌가 쉼의 행동 양식, 휴식의 생화학적 통로를 생성하게 해 준다. 잠자리 의식과 반복이 없으면 아기들은 과잉 행동을 하거나 종종 행동 장애를 보이기도 한다. 어른도 크게 다르지 않다. 내 경우는 특히 그렇다.

습관과 반복을 통해 쉼을 배운다면, 쉬지 않음 역시 그렇다. 쉬는 습관이든 쉬지 않는 습관이든 이것은 시간이 지나면서 우리를 형성한다.

우리가 매일 자는 것과 매주 일요일 회중 예배에서 경험하는 성례전적 안식 사이에는 심오한 관련이 있다. 회중 예배와 우리의 수면 습관은 둘 다 우리의 사랑과 신뢰와 한계를 고스란히 드러낸다. 둘 다 훈련과 의례를 포함한다. 둘 다 우리의 노력과 활동에 의지하는 대신 충만하신 하나님께 기대게 한다. 둘 다 우리의 약점을 노출시킨다. 둘 다 우리를 회복시킨다.

문을 잠그고 이를 닦고 물컵을 옆에 두고 불을 끄고 이불을 젖히고 침대로 들어가 몸을 동그랗게 말고 눈을 감는 나만의 밤 예전은 반복적이고 평범하며 좋은 것이다. 나는 이를 통해 속도를 늦추고 그날 하루를 뒤로 한 채 잠드는 법을 배웠다. 비슷하게, 사람들과 함께 드리는 예배는 자신의 길을 개척하고 자신의 의를 이루려는 노력을 멈추고 은혜를 주시는 하나님의 수단을 받아들이도록 우리를 반복해서 훈련시킨다.

* * *

우리의 수면 습관은 우리의 사랑을 드러내는 동시에 사랑을 형성한다. 우리의 잠을 기꺼이 포기하게 만드는 무언가는 곧 우리가 무엇을 사랑하는지 보여 주는 훌륭한 지표가 된다. 나는 내 아이들을 사랑한다. 그래서 막내에게 젖을 물리거나 악몽을 꾼 첫째를 달래기 위해 (자주) 잠을 희생한다. 나는 남편을 사랑하고 가까운 친구들을 사랑한다. 그래서 그들과의 좋은 대화가 길어지면 늦게까지도 깨어 있다. 또한 나는 기도하기 위해서나 친구를 공항에 데려다 주기 위해 일찍 일어난다.

그러나 잠을 희생하려는 나의 의지는 덜 고상한 사랑을 드러내기도 한다. 자야 할 시간이 지났는데도 졸린 눈으로 소파

> 내 일상의 핵심에서, 우상숭배에 대한 회개는 이메일 알람을 한 시간 일찍 끄거나 클릭을 조장하는 낚시성 기사를 무시하고 잠자리에 드는 것처럼 평범해 보일 수 있다.

에 널브러져 인터넷을 검색하거나 귀여운 강아지 동영상을 본다. 그날 안으로 더 많은 일을 해치우고, 가능한 한 생산성을 높이려고 애쓰면서 늦게까지 깨어 있다. 나의 무질서한 수면 습관은 나의 무질서한 사랑을 드러내고, 오락과 생산성의 우상을 드러낸다.

절실한 쉼을 기꺼이 희생하고, 나의 몸과 주변 사람들의 기본 필요보다(잠을 적게 자면 다음 날 훨씬 쉽게 화를 낸다) 오락이나 일을 우선시하는 것은 이러한 선한 것들 - 오락과 일 - 이 내 삶의 지배권을 장악했음을 드러낸다. 내 일상의 핵심에서, 우상숭배에 대한 회개는 이메일 알람을 한 시간 일찍 *끄*거나 클릭을 조장하는 낚시성 기사를 무시하고 잠자리에 드는 것처럼 평범해 보일 수 있다.

솔직히 말하면 나는 기도보다 오락거리를 위해 잠을 포기하는 게 훨씬 쉽다. 밤늦게 훌루(Hulu, 스트리밍 서비스 플랫폼—옮긴이)를 켜면서 나는 의식적으로 '내가 가족이나 기도나 내 몸보다

시트콤 드라마인 〈팍스 앤 레크리에이션〉(Parks and Recreation)의 최근 에피소드를 더 가치 있게 여긴다'고 생각하지는 않는다. 그러나 나의 습관은 내가 무엇을 사랑하고 내가 무엇에 가치를 두는지 드러내고 형성한다. 내가 그것을 인정하든 인정하지 않든 말이다.

수면 습관은 또한 우리가 신뢰하는 것을 드러내고 형성한다. 우리는 직장이나 건강 혹은 우리가 사랑하는 사람들에 대한 염려로 잠을 설친다. 우리는 동이 틀 때까지 문젯거리와 우리가 그것을 해결할 능력이 없다는 사실과 씨름한다. 우리가 신뢰하는 것, 즉 긴 하루를 보내고 침대에 눕는 것은 진정으로 우리의 마음이 눕는 곳이다.

시편 기자는 선포한다. "주님께서 성을 지키지 아니하시면 파수꾼의 깨어 있음이 헛된 일이다. 일찍 일어나고 늦게 눕는 것, 먹고 살려고 애써 수고하는 모든 일이 헛된 일이다. 진실로 주님께서는, 사랑하시는 사람에게는 그가 잠을 자는 동안에도 복을 주신다"(시 127:1-2). 우리가 사는 도시를 지키고 우리의 안전을 궁극적으로 결정하는 분은 하나님이시다. 하나님은 그분이 사랑하는 사람으로 우리를 부르셨고, 자신의 백성을 신실하게 보호하고 필요를 채우시는 그분 덕분에 우리는 그분이 주시는 쉼이라는 좋은 휴식을 향유할 수 있다.

『성공회 기도서』를 보면, 성공회 신자들은 하루 네 번 짧은 기도 시간을 갖는다. 아침, 점심, 저녁[베스퍼스(Vespers)라고 알려져 있다], 그리고 밤. 내가 가장 좋아하는 기도 시간은 밤에 드리는 콤플린(Compline)이다. 이때의 기도는 마음을 차분하고 편안하게 해 준다. 속삭이듯 기도하라고 초대하는 것 같다. "오 주님, 우리의 걸음을 인도하시고, 자는 동안 우리를 지켜 주소서. 깨어 있을 때는 그리스도와 함께 깨어 있게 하시고, 잠들 때는 평화롭게 쉬게 하소서."[2]

우리는 기도한다. 우리를 지키시고 우리를 인도하소서.

잠자리에 들며 하는 기도에서 우리는 밤이 감추고 있는 드라마, 곧 해가 지고 다시 뜰 때까지 우리가 완전히 무방비 상태임을 기억한다. "사랑하는 주님, 이 밤에 일하는 이들과 지키는 이들과 슬피 우는 이들과 함께 깨어 계시고, 잠자는 모든 사람을 주님의 천사들이 지키게 하소서. 아픈 사람들을 돌보소서, 주 그리스도여. 피곤한 자에게 쉼을 주시고, 죽어 가는 자에게 복을 주시고, 고난당하는 자를 위로하시고, 괴로워하는 자를 긍휼히 여기시고, 기뻐하는 자의 방패막이 되소서. 모든 것을 당신의 사랑을 위해 하소서. 아멘."[3]

* * *

우리에게는 잠이 필요하고, 이는 우리에게 한계가 있음을 뜻한다. 우리는 스스로를 방어하거나 안전하게 지키거나 세상을 정복할 수 없다. 잠은 현실을 드러낸다. 우리는 약하고 무력하다. 우리에게는 안내자와 보호자가 필요하다.

무엇을 얼마나 사랑하건 얼마나 두려워하건, 궁극적으로 쉼에 대한 인간적 필요가 치고 들어온다. 아이들이 아프고 정말로 나를 필요로 할 때조차 나는 밤이고 낮이고 하염없이 깨어 있지 못한다. 잠에 대한 강력한 필요는 우리가 유한한 존재임을 알려 준다. 하나님은 졸려 하시거나 주무시지 않는 유일한 분이다.

몇 년 전, 스프린트(미국의 이동통신회사-옮긴이) 광고는 도발적 선언을 했다. "나는 한계를 원하지 않는다. 아니, 내게는 한계가 없을 권리가 있다." 바로 이것이 우리의 문화가 우리에게 들려주는 메시지다. 한계가 없음. 그 무엇도 당신을 멈추게 하거나 속도를 늦추게 하거나 당신의 자유를 제한하게 해서는 안 된다. 심지어 인간적인 몸의 조건조차 그렇게 하게 해선 안 된다. 한계를 갖지 않는 것은 가능하며, 만약 당신에게 한계가 있다면 그것은 누군가의 탓이다. 우리는 피조물로서의 한계에 매이지 않은 사람들로 존재하기 위해 더 나은 기술, 더 나은 효율성, 더 나은 제도가 필요하다고 믿는다. 우리는 무한하고 유능하며 순전히 스스로의 운명을 결정하는 존재가 될 수 있다.

국립 건강 면담 조사(National Health Interview Survey)의 자료에 따르면 성인 약 30퍼센트의 평균 수면 시간이 여섯 시간 이하였다. 이는 적정 수면 시간 일고여덟 시간에 훨씬 못 미친다. 고등학생의 경우 주중에 적어도 여덟 시간을 자는 비율은 약 30퍼센트밖에 안 된다. 이 나이 또래의 하루 적정 수면 시간은 약 열 시간이다. 한 국립 조사에 따르면, 25-35세의 7퍼센트가 지난 한 달 동안 운전 도중 실제로 잠깐 졸았다고 시인했다. 2013년, 질병 통제 및 예방 센터(Centers for Disease Control and Prevention)는 "수면 부족은 공공 건강의 문제"라고 선언했다.[4]

우리 중 대부분은 전에도 이런 통계를 들은 적이 있다. 그리고 우리는 하품을 하면서 커피를 따른다. 우리도 알아요, 안다고요. 우리는 바쁘고 피곤하고 지쳤어요.

그러나 이런 식으로 유행하는 공공 건강의 문제는 영적 위기, 곧 무질서한 사랑과 무질서한 예배의 문화를 보여 주는 표지다. 우리는 한계를 경멸한다. 웬델 베리는 이렇게 경고했다. "다음번 세상의 대분열은 생명체로 살고자 하는 사람들과 기계로 살고자 하는 사람들 간의 싸움이 될 거라고 상상하기란… 어렵지 않다."[5]

우리 중 많은 사람은 쉼의 거룩함과 비생산성의 축복을 낯설게 여긴다. 우리는 연중무휴의 대형 상점과 새벽까지 여는 패스트푸드점과 24시간 운영하는 카페의 사람들이다. 우리에게는 심야 텔레비전 프로그램과 더 늦은 심야 프로그램이 있다. 마트 계산대에서는 다섯 시간 지속되는 에너지 드링크를 살 수 있다.

물론 우리 중 어떤 이들은 신체적 문제로 잠을 잘 수 없고 그래서 의학적 불면증을 돕는 치료법이 있어서 감사하다. 콤플린에 나오는 기도가 상기시켜 주듯 다른 이들이 자는 동안 "밤에 일하는 이들"이 있으며,[6] 우리는 주변의 다른 이들을 섬기기 위해 잠을 희생하는 간호사, 의사, 조산사, 소방대원, 경찰, 경비원 등의 사람들이 많이 필요하다.

그러나 우리 중 많은 사람은 다른 이유로 잠을 거부한다. 우리는 매일의 삶에서 쉼을 제거한 일상을 발전시켰다. 필요와 한계라는 현실에 발을 맞추지 않는다. 로드 드레허는 어떻게 우리가 우리의 유한성에 저항하는지 설명한다. "자연의 하나님이 자연에 새겨 놓으신 한계를 인식하지 않는다면, 인류가 인간 본성을 포함한 자연을 거슬러 그것을 그들 자신의 형상으로 재형성하는 것을 무엇으로도 막을 수 없다."[7]

우리의 육체적 한계는 우리가 단지 먼지에 불과함을 매일 일깨워 주는 중요한 표지다. 우리는 연약하고 상처받기 쉬운 인간으로 살아간다. 그리고 우리는 우리에게 이 사실을 상기시켜 주는 것을 싫어한다.

* * *

우리에게 잠이 필요하다는 사실은 우리의 궁극적 한계를 깨닫게 해 준다. 우리는 언젠가 죽는다. 〈이 미국의 삶〉(*This American Life*)이라는 라디오 프로그램에서 진행자인 아이라 글라스(Ira Glass)는 잠에 대한 자신의 공포는 "죽음의 공포와 손을 맞잡고 있으며 … 거대한 잠의 작은 맛보기"라고 시인했다.[8] 글라스가 인터뷰한 어떤 남자는 운전을 해서 출근하고 교통 정체에 발이 묶이고 친구와 가족과 바쁘게 지내는 등 하루를 사는 동안에는 자신이 죽을 존재라는 사실에 대해 한 번도 생각하지 않지만, 침대에 누워 반쯤 잠이 들 때에야 비로소 언젠가 자신이 죽는다는 사실을 기억하고 몸을 떤다고 했다. 글라스가 인터뷰한 다른 사람들은 자다가 깨서 자신의 죽음이 빠르게 다가오고 있음을 기억하고는 섬뜩해져서 다시 잠들지 못한다고 했다.

기독교 영성은 성 베네딕투스(Saint Benedict)의 말대로 우리에게 "매일 눈앞에서 죽음의 가능성"을 볼 것을 주문한다.[9] 재의 수요일(Ash Wednesday)마다 우리는 우리가 먼지이며 먼지로 돌아갈 것이라는 사실을 함께 기억한다.[10] 이는 병적인 실천과는 거리가 멀다. 우리 중 대부분은 우리와 우리가 사랑하는 이들이 언젠가 죽는다는 현실에서 도망치고자 시간과 에너지를 많이 쓴다. 그러나 죽음의 실재와 마주함으로써 우리는 바르게 사는 법을 배운다. 우리의 한계는 분명하고 우리의 삶은 잠깐에 그친다는 사실에 비추어 사는 법을 배운다. 그리고 부활의 소망 안에서 사는 법을 배운다.

잠은 일상에서 메멘토 모리(memento mori)의 역할을 한다. 성경은 죽음과 잠을 종종 대체 가능한 단어로 쓴다. 매일 밤, 잠자리에 들면서 우리는 시편 기자와 함께 고백한다. "내가 누워 곤하게 잠들어도 또다시 깨어나게 되는 것은, 주님께서 나를 붙들어 주시기 때문입니다"(시 3:5). 또한 우리는 교회와 함께 선포한다. "우리는 죽음 안에서 잠들고 다시 깨어납니다. 주께서 정말로 다시 사셨기 때문입니다." 무방비 상태로 밤을 보낼 때 우리는 궁극적으로 무방비 상태에 있는 우리 자신을 깨닫는다. 그러나 우리의 연약함을 깨달을 때, 우리는 가장 부드러운 방식으로 자비를 베푸시고 우리를 보살피시는 하나님께 의존하는 법을 연습한다.

매일 잠을 받아들임으로써 우리는 피조물이자 깨지기 쉬운 존재의 굴욕에 굴복한다. 그리고 그 연약함의 자리에서 우리는 우리의 삶과 죽음, 우리의 인생과 그 안의 모든 것이 그리스도 안에 감추어져 있는 실재 안에서 쉬는 법을 배운다.

* * *

한계에 저항하는 것은 인간에게 새로운 일이 아니다. 태초부터 우리에게는 유한성과 경계에 대한 반감이 있었다. 아담과 하와는 반역할 때 '하나님처럼' 되고 싶었다. 아무도 이길 수 없는. 모든 것이 충분한. 자율적인. 한계가 없는.

그러나 좋아하든 좋아하지 않든, 우리는 매일 저녁 다시 한 번 우리가 무한의 존재가 아님을 인정해야만 한다. 우리의 육체는 피곤해진다. 우리의 노력이 소용없음이 증명된다. 우리는 곤핍하다. 잠에게 자리를 양보하는 것은 이러한 현실을 대변한다. 이는 반문화적이고 혁명적인 고백이다. 우리는 충분하지 않으며, 우리에게는 돌봐 줄 분이 필요하다. 그리고 이것은 우리의 육체적 일상, 우리의 예배, 하나님을 바라보는 우리의 관점에 영향을 끼쳐야 한다.

쉼과 한계가 없는 우리의 문화는 우리의 육체에만 영향을 끼치는 것이 아니다. 그것은 우리의 신앙을 형성해 왔다. 미국인이자 복음주의자인 우리 안에는 우리와 하나님의 관계가 우리 자신의 노력과 힘에 달려 있다는 미묘한 생각이 유전자의 일부처럼 들어와 있다. 우리의 육체는 중요하지 않으며 한계는 단지 극복해야 할 장애물이라는 생각이 예배와 선교에 대한 우리의 이해를 잘못 형성해 왔다.

마크 갈리(Mark Galli)는 이렇게 말한다. "복음주의 운동의 강점은 그것의 행동주의이며, 복음주의 운동의 약점 역시 그 행동주의다."[11] 복음주의의 왕성한 역사는 사회에 진정성 있고 필요한 변화를 가져왔다. 여성의 권리 신장, 아동 보호, 반노예제도 입법화 외에도 많다. 그러나 지속 가능성과 쉼을 경시하는 태도를 낳기도 했다. 질투하는 행동주의가 열광과 웅장함의 문화와 어우러질 때, 자칫 그리스도인의 삶의 목적은 우리를 탈진시키는 목표, 계획, 회의, 컨퍼런스, 활동을 모아 놓은 목록이 될 수 있다.

복음주의 초기에 흔히 '순회 목사'라고 불리던 웨슬리 교파 사역자들은 주당 90-100시간을 일해야 했다. 그들 중 많은 사람이 말 그대로 탈진해서 쓰러졌고 교회는 '탈진한 사역자' 기금을 조성했다.[12] 탈진한 사역자가 속출하는 상황에서도 운동 전략을 재고하지 않았음에 주목해 보라. 쉼과 지속 가능한 그리스도인의 삶이라는 주제에 대한 신학적 논의는 없었다. 그 대신 그들은 기금을 조성했다. 또 다른 활동가가 외치며 돌아다녀야 할 대의가 하나 더 생긴 것이다.

탈진한 사역자는 우리 복음주의 운동 유산 중 하나다. 그들은 우리의 선조이며 우리의 영웅들이다. 그리고 우리 중 많은 사람이 그 유산을 이어 간다. 우리는 탈진한 사역자, 탈진한 부모, 탈진한 사업가, 탈진한 신자들이다.

이는 우리가 함께 드리는 예배에도 영향을 미친다. 우리는 아드레날린과 흥분과 활동으로 가득 찬 신앙을 쉽게 받아들인다. 그러나 우리는 피곤한 자를 향해 와서 쉬라고 초대하시는 구세주께 가까이 나아가는 법도 함께 배워야 한다.

* * *

결혼하고 얼마 지나지 않아 조너선과 나는 일요일마다 고대의 안식일 혹은 일요일을 준수하기 시작했다. 대학원생이었던 우리에게 일요일 오후의 공부 시간을 포기하는 것은 아주 큰 변화였다. 그러나 우리는 일요일마다 교회에 가는 것을 시작으로 집에 돌아와 낮잠을 자고 긴 산책을 하고 책을 읽거나 다른 사람들과 어울리는 즐겁고 느린 저녁을 보내는 일과를 따르기 시작했고 지금까지 십 년 넘게 이는 계속되고 있다.

일요일 아침에 드리는 회중 예배와 일요일 오후의 낮잠이 서로 연결되어 있음을 깨닫는 데 몇 년이 걸렸다. 쉼은 단지 육체적 필요만이 아니다. 쉼의 습관을 배워야 하는 것은 우리의 뇌와 근육과 눈꺼풀만이 아니다. 우리는 육체적이고 심리적이며 영적인, 즉 전인적인 쉼이 필요하다. 예배와 육체적 휴식은 함께 묶여 있다. 우리는 예배를 통해 영적인 쉼의 리듬을 배운다. 우리가 죄와 인간성 및 역사의 한 순간 안에 제한되어 있음을 배운다. 우리에게는 하나님의 은혜와 새롭게 하심을 받아들이는 법을 가르쳐 주는 의례와 실천이 필요하다. 우리로 하여금 그리스도인의 온전함을 배워 가도록 도와주는 다른 신자들과 2천 년 넘게 지속되어 온 교회가 필요하다. 우리는 하나님 안에서 그리고 우리에게 주신 그분의 선물 안에서 쉼의 실천을 시작해야 한다.

마크 갈리는 『냄새와 종소리 너머』(*Beyond Smells and Bells*)에서 서구 복음주의자들 안으로 들어온 성취 문화가 우리의 예배에 영향을 미친다고 경고한다. 회중 예배는 특정한 영적 분위기나 경험을 노력으로 만들기 위해 애쓰는 자기 의존과 분투의 장소가 될 수 있다. 그러나 예수님은 우리 자신의 영적 분투를 믿는 신앙을 버리고 그분 안에 거하라고 우리를 초대하신다. "예전은 예수님이 나타나시기를 기다리는 장소다. 우리는 많은 것을 할 필요가 없다. 예전은 의지의 행위가 아니다. 영적 혹은 정신적인 상태에 도달하고자 기획된 활동의 연속이 아니다." 예배에서 우리는 모습을 드러내고 머무르고 쉰다. 그리고 갈리가 말하듯 "만약 우리가 거기에 거하고 그 자리에 계속 머물고 인내하며 기다린다면, 예수님이 모습을 드러내실 것이다."[13]

역사적인 예전 형식으로 예배를 드리는 교회에 처음 출석하기 시작했을 때 나는 매주 울었다. 깨닫지 못하고 있었지만 이전에 내가 경험한 대부분의 예배는 기쁨이나 위기나 감동 혹은 열렬한 교리적 확신과 같은 특정한 감정이나 인식의 경지에 이르기 위한 나 자신의 분투로 이루어져 있었다.

그러나 어느 일요일, 돌로 지은 한 작은 성공회 교회에 가게 되었을 때, 나는 마음으로든 머리로든 스스로의 힘으로 어떤 감정적 절정이나 지적 깨달음으로 나를 끌어올리기에는 너무 지치고 약한 상태였다. 나는 교회에 앉아 말씀을 들었고 내가 읽을 부분을 소리 내 읽었다.

예전의 말씀은 엄마가 나를 안고 부드럽게 흔들면서 노래를 불러 주고 축복의 말씀을 반복해서 들려주는 것처럼 느껴졌다. 나는 지친 아이가 엄마 품으로 뛰어드는 것처럼 교회 안으로 뛰어들어 가 쉬고 있었다. 매주 남편과 내가 예배를 마치고 차에 타면서 그날의 예배를 떠올릴 때, 나는 이렇게 말하곤 했다. "꼭 캐모마일 차 같아." 이는 예배가 나로 하여금 고대의 실천과 교회의 말씀 안으로 편안하게 빠져들어 가 쉬게 해 준다는 것을 괴짜처럼 말하는 나만의 방식이었다.

유대 문화에서는 해가 지는 저녁에 하루가 시작된다. (우리는 창세기 1장에서 "저녁이 되고 아침이 되니"라는 말씀이 반복되는 것에서 이를 본다.) 하루는 쉼에서부터 시작한다. 우리는 편안히 누워 잠에 드는 것으로 시작한다.

시간에 대한 이러한 이해는 자신의 노력과 성취로 하루를 평가하는 우리에게 강력한 방향 전환으로, 심지어 큰 충격으로 다가온다. 유대인의 하루는 아무것도 성취하지 않은 듯 보이는 데서 시작한다. 우리는 쉬고 베개에 침을 흘리고 무력하게 잠이 드는 것으로 시작한다. 유진 피터슨은 말한다. "히브리인의 저녁/아침 순서는 우리를 은혜의 리듬에 길들인다. 우리는 잠이 들고 하나님은 그분의 일을 시작하신다."[14]

하루가 어둠 가운데 시작할지라도, 하나님은 여전히 식물을 자라게 하고 상처를 치유하고 쉼을 주고 보호하고 지키고 싸매고 구속하는 일을 하신다.[15] 우리는 의식을 잃고 잠에 빠지지만 성령은 여전히 일하고 계신다.

스코틀랜드 목사 존 베일리(John Baillie)는 잠에 관한 짧은 신학 에세이에서 그리스도 안에서 우리는 "잠에 들 때보다 더 나은 사람으로 일어난다"고 쓴다.[16] 만약 우리가 자는 동안에도 하나님이 우리와 세상 가운데서 일하고 계심을 믿기 어렵다면, 이를 통해 우리가 우리 삶과 영적 건강을 움직이고 만드는 분이 정말로 누구라고 믿는지가 드러난다. 베일리는 세상과 우리 안에서 어떤 한계도 없이 쉬지 않고 일하시는 하나님의 활동에 관해 말한다.

우리는 습관적으로 우리 자신이 실제보다 더, 우리의 영적 발전의 주인이라고 생각한다.…우리의 신체적 건강을 위해 필요한 과정 중 일부는 깨어 있을 때보다 잠자는 동안 더 효과적으로 이루어지고, 그것은 의지가 독재적인 통제권을 내려놓고 휴식을 취하기 때문이라면, 우리의 영적 건강을 위한 과정 중 일부 역시 이와 같지 않을 이유가 무엇인가?[17]

이것이 바로 예배의 핵심이며, 이는 일요일에 드리는 회중 예배나 일상에서의 예배나 마찬가지다. 하나님께 사랑받고 그분께 기쁨이 되는 자녀로서 우리는 하나님이 이미 시작하신 일에 동참한다. 우리는 교회 안에서 그리고 교회를 통해 그분의 사역에 동참한다.

그래서 나는 매주 예배를 드리며 울었다. 예배의 새로운 습관, 나 자신의 에너지나 노력 혹은 감정적 상태에 덜 의존하고 하나님께 나아가는 방법 안에서 쉼을 배우고 있었다. 나는 물에 빠져 에너지가 고갈되고 팔에 힘도 없는 사람처럼 교회에 갔고, 마치 구명보트 같은 역사적 교회의 말씀과 실천 앞에서 그대로 주저앉았다.

* * *

우리는 연습을 통해, 반복적 일상을 통해, 시간이 지남에 따라 쉬는 법을 배운다. 이것은 항상 연결되어 있는 우리의 몸과 정

> 그리스도인이 잘 쉬는 반문화적 공동체로, 열의를 다해 심지어 기뻐하며 우리의 한계를 받아들이는 사람들로 알려진다면 어떨까?

신과 영혼에 관한 사실이다.

우리는 삶의 3분의 1을 자는 데 쓴다. 쉬는 데 쓰는 이러한 도합 몇십 년의 시간을 통해 하나님은 우리와 세상 안에서 구속하시고 치유하시며 은혜를 베푸신다. 우리가 잠을 자는 매일 밤, 우리는 자기 노력에 기대는 것을 멈추고 창조주의 선한 은혜 안에 머무는 연습을 한다. 그런 까닭에 잠을 받아들이는 것은 우리의 한계를 고백하는 것일 뿐 아니라 한계가 없으신 하나님의 보살핌에 대한 기쁨에 찬 고백이기도 하다. 그리스도인에게, 멈춤과 잠에 빠져 휴식을 취하는 행위는 하나님께 의존하는 행위다.

그리스도인이 잘 쉬는 반문화적 공동체로, 열의를 다해 심지어 기뻐하며 우리의 한계를 받아들이는 사람들로 알려진다면 어떨까? 믿는 자들은 필수적일 뿐만 아니라, 성경적 진리에 대한 체화된 응답으로써 잠을 즐길 수 있다. 성경적 진리란 우리가 유한하고 연약한 피조물이며 강하고 사랑 많으신 우리 창조주의 넘치는 보살피심을 받는 존재라는 것이다.

일중독과 이미지 홍수, 지나친 카페인, 오락 중독 그리고 무엇이든 과급한 우리 문화에서 우리는 피조물로서의 조건에 굴복해야 할 필요가 있지만 이는 종종 제자도에서 간과된다.[18] 나는 대학원생들 사이에서 일하면서, 그들에게 일과를 일찍 마치고 그들의 몸을 잘 돌보고 잠을 더 자라고 권면한다. 때로 이 말은 내가 그들에게 할 수 있는 영적으로 가장 유익하고 의미 있는 충고다. 그러나 이는 특별히 영적인 충고 같지가 않다. 일찍 잠자리에 들라고 말하기 위해 신학교 학위는 필요하지 않다. 그리스도인 학생들이 좀더 오래 그리고 깊이 잔다는 열정적인 보고로 많은 사람이 감동을 받지는 않을 것이다.

그럼에도 하나님은 잠을 중요시하신다. 복음서에서 내가 가장 좋아하는 장면 중 하나는 예수님이 폭풍이 치는 와중에 배 뒤편에서 곯아떨어지신 장면이다. 아버지에 대한 확고한 신뢰를 드러낸다는 점에서 그분의 잠은 신학적이다. 그러나 동시에 그것은 피곤해서 낮잠을 자는 사람의 평범한 모습이기도 함을 잊지 말자.

하나님은 우리에게 거룩함과 기도의 삶뿐 아니라 충분한 휴식을 주고 싶어 하신다. 어쩌면 기도와 거룩함의 삶으로 나아가는 중요한 절차는 단순히 꿀잠의 선물을 받는 것일 수 있다.

성경에서, 성육신에서, 교회에서, 우리는 은혜가 구체적이고 흙냄새 나는 세상을 통해, 평범하게 지나가는 하루의 시간을 통해 우리에게 온다는 사실을 배운다. 쉼이라는 선물은 의례와 일상을 통해 우리에게 온다. 반복을 통해, 습관을 습득함을 통해, 일상의 예전을 통해 값없이 그리고 풍성하게 온다.

매일 하루의 끝에 우리는 잠자리에 든다. 가장 평범한 하루도 알아차릴 수 없지만 분명하게 우리를 형성한다. 우리가 통제하지 않는 은혜로 우리는 잠에 빠진다. 쉰다. 근육에 힘이 빠진다. 턱이 느슨해진다. 무방비의 연약한 상태다. 의식 밖으로 떠내려간다. 그러나 우리는 여전히 굳게 붙들려 있다. 우리의 보호자이자 안내자께서 우리를 '사랑하는 자'라고 부르셨다. 그리고 그분은 사랑하시는 자에게 잠을 주신다.

감사의 글

IVP의 훌륭한 팀에게, 특별히 뛰어난 편집자이자 안내자일 뿐 아니라 그저 아는 것만으로도 내가 더 나은 사람이 되게 해 주는 신디 번치에게 감사드린다. 또한 편집 과정 내내 인내심을 가지고 고된 작업과 격려를 해 준 에단 맥커티에게도 감사를 전한다.

내가 책을 쓸 수 있다는 가능성을 처음 인식시켜 준 '2014 NISET 글쓰기 워크숍'의 지도자들과 동료들에게 감사드리며, 특히 앨 쉬의 지혜와 격려에 대해(또한 작가 면허에 대해서도!) 감사드린다. 미국 IVF에 감사드리며, 특히 GFM 남중부 지구 및 '학계와 전문 분야의 여성'(Women in the Academy and Professions)의 친구들에게 감사를 전한다. 또한 밴더빌트와 텍사스 대학의 대학원 지부의 학생 리더들에게도 감사를 전한다. 그들은 이 책을 쓰는 과정에서 나를 위한 응원단이자 영감이 되어 주었다.

일상에 대한 무작위 설문에 응답해 주고 내가 쓴 글과 에세이에 반응을 보여 준 페이스북과 트위터 친구들에게 감사드린다. 그들은 내가 글을 쓸 수 있었던 중요한 동기가 되어 주었다.

신인 작가인 나에게 지혜와 격려를 관대하게 베풀어 주고 아름답고 친절한 서문을 써 준 앤디 크라우치에게 감사한다. 그에게 영원히 감사할 수 있을 것 같다. 내 작업을 공유해 주고 계속 글을 쓰도록 격려해 준 로드 드레허에게(반갑게 맞아 주고 우정을 나누어 준 그의 아내 줄리에게도) 감사드린다.

에릭과 케리 스툼버그 부부, 케빈과 드앤 스튜어트 부부, 그리고 일상을 떠나 집필할 수 있는 공간을 제공해 준 스토케 가족 모두에게 감사드린다.

이 책을 쓰는 동안 나를 위해 기도해 주고 동행해 준 가까운 친구들을 향한 나의 사랑과 감사는 아무리 표현해도 부족하다. 이름을 나열하기엔 너무 많다. 그렇지만 글쓰기 기도 팀, 던 폴, 진저 그로스, 앨리스와 팀 콜그로브, 나단과 레안 바르키, 그레이스와 코디 스프릭스, 레베카와 맨리 실, 케니와 케티 허트슨, 블레이크 매슈와 크리스타 보슬러, 스티브 딜리와 안드레아 팰펀트 딜리, 사라 퍼이어, 스티븐과 베다니 허바드, 우디

자일스(일명 우디 삼촌)에게 특별히 감사드린다. 이들은 나에게 복음이었다.

원고의 많은 부분에 대해 피드백을 해 주고 우정을 나누어 준 브리 초프와 켈시 바라반에게 특별히 감사한다.

(함께 바하 부리토를 먹으며) 나의 훌륭한 자문이 되어 준 케니 벤지 신부님과 토머스 매켄지 신부님에게 감사드린다. 그들은 내가 글을 쓸 수 있도록, 전반적으로 보다 용감해지도록 격려해 주었다. 캐넌 메리 마가드 헤이스 목사님의 목회적 돌봄과 지혜와 모범에 깊이 감사드린다. 나의 친구이자 의사인 페리 신부님과 웬디 쿤, 숀 신부님과 미셸 매케인에게 무한히 감사드린다. 숀과 미셸은 또한 이 책의 초고 일부를 읽고 피드백을 해 주었다.

겨울 수련회에서 터무니없을 정도로 설익은 이 생각들을 소리 내어 나누기 위해 씨름할 수 있는 기회를 내게 준 케임브리지 크라이스트 더 킹 교회의 목회자들과 성도들에게 감사드린다. 그들의 질문과 반응은 은혜로웠고 유익했다. 오랫동안 우리를 사랑해 주고 후원해 준 내슈빌 리디머 교회와 우리가 (그들과 함께) 하나님의 선하심 안에서 살도록 도와준 사우스 오스틴 레저렉션 교회에 감사드린다.

처음으로 나를 작가라고 생각해 주고 지속적으로 지혜와 힘의 원천이 되어 준 마르샤 보서에게도 큰 감사를 전하고 싶다. 그녀는 지난 몇 년간 그리고 이 프로젝트 내내 편집과 영양분과 빛을 공급해 주었다. 내가 누군가에게 어떤 방식으로든 도움이 되는 무언가를 쓴 적이 있다면, 일부분은 마르샤의 공로다.

흔들림 없는 사랑과 후원을 보내 준 산드라와 제리 도버 그리고 모든 애틀랜타 식구들에게 감사드린다. 나를 늘 겸손하게 하고 늘 웃게 해 주는 로라와 제임스 마이어, 라시 해리슨 그리고 그들의 가족에게 감사드린다. 그들 모두를 사랑한다.

엄마가 되면서 나의 부모님에게 아무리 감사해도 충분하지 않다는 점을 알게 되었다. 부모님은 내가 걸음마를 떼던 순간부터 이 책의 초고를 쓰는 동안 내 아이들을 봐 주실 때까지 평생 사랑과 후원을 베풀어 주셨다. 레스와 러레인 해리슨, 나의 엄마 아빠께 전부 감사드린다. 부모님 뒷마당에 어서 갈 수 있기를 바라요!

마지막으로 나의 하루 중 가장 밝게 빛나는 부분이자 나의 하늘에서 가장 반짝이는 별들인 나의 딸들, 플래너리와 레이너에게 감사한다. 이 책은 이 아이들의 희생을 상징하며, 이 희생에 대해 그리고 이 아이들에 대해 다 표현할 수 없을 만큼 감사한다. 그리고 조너선에게. 그는 내가 책을 쓰는 과정에서 우정과 사랑과 엄청난 격려를 베풀어 주었을 뿐 아니라 사제이자 학자로서 귀중한 자료와 통찰을 제공해 주었다. 우리가 이 일을 함께할 수 있어서 정말 기쁘다.

그리고 말씀이신 그분께 영광을 돌린다. 그 말씀에서 우리의 하찮은 말에 담긴 모든 선한 것이 흘러나오며, 그 말씀을 통해 우리의 하찮은 말은 구속받을 것이다.

토론을 위한 질문과 실천 제안

이 질문들은 혼자서 일기를 쓰며 묵상하거나 그룹 토의에서 활용할 수 있도록 준비되었습니다. 각 장마다 몇 가지 실천도 제시되어 있습니다. 모두 읽은 뒤 자신에게 가장 적합해 보이는 한 가지를 골라 실천해 보기 바랍니다. (해야 할 일 목록처럼 모든 항목을 다 완성하지 않아도 됩니다.) 그룹으로 모인다면 각자 시도해 본 항목에 대한 소감을 나누어 보십시오.

01 잠에서 깸

1. 평소에 빨리 일어나는 편입니까, 천천히 일어나는 편입니까? 상쾌하게 일어납니까, 아니면 졸린 상태로 일어납니까?

2. 보통 일어나서 제일 먼저 무슨 생각을 합니까? 그 생각은 당신의 하루와 당신의 삶을 어떤 식으로 형성합니까?

3. 잠에서 일어나는 첫 순간, 당신이 사랑받고 있으며 하나님 백성의 일부임을 기억하도록 도와줄 실천으로 어떤 것이 있습니까?

4. 당신이 하나님께 사랑받는 사람임을 믿기 어렵습니까? 만약 그렇다면 사랑받는 자로서 당신의 정체성을 받아들이기 어렵게 만드는 장애물은 무엇입니까?

5. 세례식에 관해 기억하고 있습니까? 어떤 말을 들은 기억이 납니까?

당신의 삶에, 하나님과 교회를 보는 당신의 관점에 세례가 어떤 영향을 주었습니까?

6. 저자는 "우리는 지루한 장면들을 잘라 낸 그리스도인의 삶을 원하는 경향이 있다"고 말합니다. 이 문제로 어려움을 겪고 있습니까? 만약 그렇다면 어떤 어려움입니까?

7. 예수님의 인생 중 기록이 남지 않은 대부분의 '평범한 세월'이 우리에게 어떤 의미를 준다고 생각합니까? 하나님과 예배와 선교에 대한 우리의 이해와 관련해 이는 어떤 의미가 있습니까?

8. 저자는 애니 딜러드가 말한 "하루를 어떻게 사는가가 바로 인생을 어떻게 사는가다"라는 말을 인용합니다. 이 말은 당신의 일상과 그리스도인으로서의 삶에 대한 당신의 생각에 어떤 영향을 줍니까?

실천 제안

1. 매일 아침 일어나자마자 어색하더라도 "나는 그리스도로 옷 입었고 하나님께 사랑받고 있다"고 크게 말함으로써 당신의 세례를 기억하고 당신이 사랑받고 있음을 기억하십시오. 본인에게 맞는 다른 방식을 선택해도 됩니다. 이것이 당신의 하루에 어떤 영향을 주는지 잘 살펴보고 그에 관해 일기를 쓰거나 친구와 나누어 보십시오.

2. 아직 세례를 받지 않았다면, 사역자에게 세례식에 관해 물어보십시오. 세례를 받았다면 기억나는 장면을 떠올려 보거나 함께했던 사람들이 무엇을 기억하고 있는지 물어보십시오.

3. 성경에서 예수님이 세례를 받으시는 장면을 읽으십시오.

02 침대 정리

1. 이부자리 정리를 합니까? 그 이유는 무엇입니까? 이부자리 정리를 하는 경우 하루 중 언제 합니까?

2. 당신의 하루 안에는 '좋은 삶'에 관한 특정 관점을 심어 주는 작고 반복적인 습관이 있습니까? 어떤 습관입니까?

3. 크거나 작은 방식으로 당신을 형성해 온 일상의 실천이나 의례가 있습니까? 당신을 잘못된 방식으로 형성해 왔고 따라서 바꾸어야 할 실천이나 의례가 있습니까?

4. 당신의 아침 의례나 리듬이 어떤 식으로 당신이나 당신의 하루를 '각인'시킵니까?

5. 플래너리 오코너는 우리에게 "이 시대가 자네에게 부딪혀 오는 만큼 자네도 강하게 그것을 거슬러 보게"라고 말합니다. 이러한 도전에서 실천과 예전이 어떤 역할을 한다고 생각합니까?

6. 교회에서 예배를 드리는 방식이 일상을 살아갈 때 세상에서 당신이 존재하는 방식에 영향을 줍니까? 만약 그렇다면 어떻게 영향을 줍니까?

7. 마찬가지로 일상의 작은 '예전들'은 일요일에 당신의 예배에 어떤 영

향을 줍니까?

8. 저자는 "나는 반복적이고 오래되었으며 조용한 것을 받아들이도록 나를 격려해 주는 의례가 필요하다"고 말합니다. 우리에게 이런 의례가 필요하다는 생각에 동의합니까? 혹은 동의하지 않습니까? 당신의 삶에서 이런 의례는 어떤 모습일 것 같습니까?

9. 당신의 삶에서 어떻게 고요함의 실천을 발전시키겠습니까?

실천 제안

1. 이부자리를 정리하면서 어떤 느낌이 드는지 잘 살펴보십시오. 이 경험에서 가장 명백한 느낌은 무엇입니까? 여기에 아름답거나 평화로운 것이 있습니까?

2. 당신의 삶에서 반복되는 일상의 일들을 적어 보십시오. 이러한 일들을 행할 때 하나님께 그것이 당신을 형성하는 방식을 볼 수 있게 해 달라고 구하십시오. 그에 관해 일기를 쓰거나 친구와 대화해 보십시오.

3. 한 주 동안 당신이 어떤 식으로 고요와 지루함에 저항하는지에 주의를 기울여 보십시오. 매일 몇 분간 침묵하면서 그 시간으로 하나님을 초대하십시오.

4. 하루 중 고요한 작은 순간들을 인식해 보십시오. 신호등이 바뀌기를 기다리거나 커피 물이 끓기를 기다리는 때일 수 있습니다. 아무것도 하지 않고 조용히 기다리면서 그 순간들을 받아들여 보십시오.

5. 스마트폰이 있다면, 오전이나 오후 혹은 하루 종일 그것을 치워 두십시오. 그런 뒤 그 경험을 묵상해 보십시오.

03 이 닦기

1. 몸을 돌보는 것이 영적인 삶과 예배의 일부라고 생각한 적이 있습니까?

2. 몸에 대한 당신의 관점 그리고 당신이 당신의 몸과 맺고 있는 관계를 형성시켜 준 경험이 있습니까?

3. 하나님이 인간의 육신을 입으심, 즉 성육신이 그리스도 안에 있는 당신의 예배와 삶에 어떤 영향을 끼쳤습니까?

4. 당신의 몸은 당신이 예배 안으로 들어가는 것을 어떤 방식으로 도와주었거나 이끌었습니까?

5. 저자는 "만약 교회가 우리 몸의 존재 이유를 가르치지 않는다면, 분명 우리의 문화가 가르칠 것이다"라고 말합니다. 우리의 문화는 우리의 몸이 무엇이며 그 존재 목적은 무엇이라고 말합니까?

6. 저자는 우리의 몸을 남용하거나 거부하는 것을 성스러운 물체를 폄하하는 것에 비유합니다. 이러한 비유에 동의합니까? 혹은 동의하지 않습니까? 그 이유는 무엇입니까?

7. 몸을 거룩하게 보는 것이 도덕성에 대한 우리의 이해에 어떤 영향을 줍니까?

8. 당신의 몸을 예배의 장소로 이해하는 것은 평범한 날 당신이 몸 안에서 살아가는 방식에 영향을 줍니까? 만약 그렇다면 어떤 영향을 줍니까?

9. 거울을 들여다볼 때 그리스도 안에서 당신이 자유롭고 사랑받는 존재라는 사실을 받아들이게 됩니까? 그 이유는 무엇입니까?

10. 예수님의 육체의 부활 그리고 우리 몸의 영원성은 몸을 보살피는 것에 대한 당신의 생각에 어떤 영향을 줍니까?

실천 제안

1. 이번 주에 거울을 들여다볼 때나 이를 닦을 때, 하나님이 당신의 몸을 만드시고 사랑해 주심에 대해 감사하십시오.

2. 예배할 때 무릎을 꿇거나 노래하거나 걸음으로써 당신의 몸을 사용하십시오.

3. 당신의 몸을 돌보는 구체적인 방법 한 가지를 적어 보십시오. 몸을 돌보는 것이 그리스도 안에 있는 당신의 삶에 어떤 영향을 주는지에 대해 묵상하거나 일기를 써 보십시오.

4. 예배에서 당신의 몸을 사용하는 방식 그리고 당신이 출석하는 교회의

예전이 인간이 몸을 지니고 있다는 사실에 관해 무엇을 전달하는지에 주의를 기울여 보십시오.

04 열쇠 분실

1. 하루 중 작은 문제가 생길 때, 당신은 어떻게 반응합니까? 어떤 일을 합니까? 예를 들어 보십시오.

2. 불편함 혹은 '작은' 고난에 대한 당신의 반응이 당신이 사랑하는 것과 두려워하는 것에 대해 무엇을 드러냅니까? 당신의 마음에 대해서는 무엇을 드러냅니까?

3. 당신의 삶에서 저자처럼 "화를 낼 권리가 있다고" 느끼는 것이 있습니까?

4. 저자는 때로 자신의 고통의 신학이 일상의 삶에 와 닿기에는 "너무 컸다"고 말합니다. 당신에게도 이런 경험이 있습니까? 어떤 식으로 경험했습니까?

5. 다른 사람에게 소리 내서 죄를 고백해 본 적이 있습니까? 왜 그랬습니까? 왜 그러지 않았습니까? 만약 고백해 보았다면 어땠습니까?

6. 하루 중 죄를 짓거나 실패하는 순간에 대한 당신의 반응은 무엇입니까? 그런 순간에 당신은 어떻게 하나님을 만납니까?

7. 다른 사람들 앞에서 죄를 고백하는 것과 개인적으로 죄를 고백하는 것은 어떻게 다릅니까? 그 둘은 어떻게 연결됩니까?

8. 하루 중 당신의 연약함과 죄를 대면할 때 무엇이 당신으로 하여금 그리스도가 행하신 일과 자비를 믿고 거기에 의지할 수 있도록 도와줄 것 같습니까?

실천 제안

1. 하루 중 문제가 생길 때 당신이 어떤 반응을 보이는지 기록해 보십시오. 그런 순간에 당신 안에서 드러나는 두려움과 우상에 관해 기도하거나 일기를 쓰십시오.

2. 『성공회 기도서』에 나오는 죄 고백은 다음과 같습니다. "가장 자비로우신 하나님, 우리는 생각과 말과 행함으로, 우리가 행한 일 그리고 하지 않은 채 내버려 둔 일을 통해 당신께 죄를 지었음을 고백합니다. 온 마음을 다해 당신을 사랑하지 않았고, 우리 이웃을 우리 자신처럼 사랑하지 않았습니다. 정말로 죄송하고, 겸손히 회개합니다. 당신의 아들 예수 그리스도를 보시고 우리에게 자비를 베푸시고 우리를 용서하소서. 그리하여 우리가 당신의 뜻 안에서 기뻐하고 당신의 길 안에서 걷게 하시며 당신 이름의 영광에 이르게 하소서. 아멘." 하루 중 죄와 마주할 때, 특별히 그것을 하나님께 고백하고 이 기도문이나 이와 유사한 기도문으로 기도하십시오. 당신 자신에게 하나님의 자비와 용서를 큰 소리로 상기시켜 주십시오.

3. 친구나 목회자에게 죄를 고백하는 시간을 가지십시오. 그들에게 그리

스도의 용서와 자비를 당신에게 상기시켜 달라고 부탁하십시오.

05 남은 음식 먹기

1. 저자는 자신이 이상적으로 생각하는 식탁을 묘사합니다. 당신에게도 그런 것이 있습니까?

2. 먹는 습관, 보다 일반적으로 소비하고 거래하는 습관은 어떻게 우리를 형성합니까?

3. 우리의 구매 행위가 사회적·환경적 불의에 기여하는 방식에 대해 그리스도인으로서 어떻게 고민하고 싸울 수 있습니까?

4. 말씀과 성례전이 음식 및 먹는 행위와 연관이 있다는 사실에서 중요한 것은 무엇입니까?

5. 저자는 어떻게 우리가 영적인 삶에서 말씀과 성례전 대신 우리의 개인적 경험이 중심이 되는 '시장 주도형' 영성을 자주 갖게 되는지 설명합니다. 이에 동의합니까? 혹은 동의하지 않습니까? 교회 혹은 당신의 삶에 이러한 '시장 주도형' 사고방식의 예가 있습니까?

6. 저자는 "익명성과 감사를 모르는 마음에는 불의가 따라온다"고 말합니다. 이에 동의합니까? 혹은 동의하지 않습니까? 그 이유는 무엇입니까?

7. 말씀이 무미건조하거나 그다지 마음이 끌리지 않는 때가 있었습니까? 어떻게 대처했습니까?

8. 교회, 문화, 우리의 일상에서 우리를 단순히 소비자 혹은 예배자로 형성하는 습관, 예전, 의례는 무엇입니까?

실천 제안

1. 한 주 동안 식사를 할 때마다 하나님께 감사하십시오. 가능하다면 당신이 먹는 음식이 어디서 왔는지를 알아내서 그곳과 그곳의 사람들을 위해 기도하십시오.

2. 복음서를 읽으십시오. 읽으면서 영양을 공급받은 경험에 대해 혹은 말씀이 진부하거나 맛없게 느껴진 부분에 관해 일기를 쓰십시오.

3. 하루 동안 어떻게 당신이 소비나 편리 혹은 자기 성취를 다른 무엇보다 가치 있게 여기도록 형성되는지 살펴보십시오. 회중 예배가 광범위한 소비 문화와는 다른 방식으로 당신을 형성하는지 살펴보십시오.

4. 당신이 먹는 음식이 주변 땅 그리고 주변 사람들과 보다 잘 연결될 수 있는 방법에 대해 생각해 보십시오.

06 남편과의 다툼

1. 당신은 가까운 이들과 어떤 면에서 평화를 이루기가 어렵습니까?

2. 집과 일터 혹은 매일 경험하는 작은 영역에서 당신이 샬롬을 추구할 수 있는 방법을 한 가지 생각해 보십시오.

3. 평화를 이루는 크고 '급진적인' 행동과 일상을 분리시킨 적이 있습니까? 당신의 삶에서 그러한 분리는 어떤 모습입니까?

4. 교회에서 평화의 인사를 건네는 실천이 예배와 신학에 어떤 영향을 준다고 생각합니까?

5. 저자는 이렇게 말합니다. "나는 내 가족과 공동체가 더 큰 선교의 일부임을 떠올려야 한다. 또한 내 작은 영역, 내 평범한 하루가 그 선교에서 중요한 부분임을 기억해야 한다." 무엇을 통해 당신이 더 큰 선교의 일부임을 떠올릴 수 있습니까?

6. 어떻게 당신의 작은 영역과 평범한 하루를 더 큰 선교의 일부이며 하나님의 구속 사역으로 볼 수 있습니까?

7. 저자는 다음과 같은 앤 라모트의 말을 인용합니다. "지구는 용서 학교다. 저녁 식탁에서 시작하는 것이 좋다. 그래야 편안한 자세로 그것을 시도할 수 있다." 집과 일상의 삶에서 화해를 위해 당신은 어떤 노력을 합니까? 혹은 당신에게는 어떤 화해가 필요합니까?

실천 제안

1. 오늘 당신에게 가장 가까운 이들과 어떤 방식으로든 평화를 이루기 위해 노력해 보십시오. 하루가 끝날 때 하나님께 '평화의 인사를 건네

는' 당신의 작은 행위를 통해 그분의 나라가 이루어지게 해 달라고 구하십시오.

2. 한 주 동안 당신이 잘못을 행한 사람에게 사과함으로써 화해를 실천하십시오. 당신에게 가장 가까운 이들에게 어떻게 하면 당신이 그들을 더 잘 사랑할 수 있으며 그들과 평화를 이루며 살 수 있는지 물어보십시오.

3. 일상에서 당신이 평화를 이루기 위해 분투하는 부분을 적어 보십시오. 그 부분에서 평화의 길을 보여 주시기를 하나님께 구하십시오.

4. 당신의 삶이 어떻게 세상을 구속하시는 하나님의 더 큰 사역의 일부가 될 수 있을지 기도하십시오.

5. 가정, 이웃, 도시, 나라, 세계의 평화를 위해 기도하는 시간을 가지십시오.

07 이메일 확인

1. 가장 좋아하는 일과 가장 싫어하는 일은 무엇입니까?

2. 특정한 일이 다른 일보다 더 특별하다고 보는 '거룩함의 위계질서'가 당신에게도 있습니까? 혹은 많은 일 가운데서 더 중요하게 생각하는 활동이 있습니까?

3. 저자는 이렇게 말합니다. "회중 예배에 참석한 사람들로서 우리가 하는 일과…세상에서의 우리의 소명은 경쟁 관계가 아니다. 믿는 자들에게 이 두 가지는 본질적으로 서로의 일부다." 당신은 어떻게 당신의 직업 생활과 예배가 서로 연결되어 있다고 생각합니까? 그 두 가지는 어떻게 서로 영향을 주고 서로를 형성합니까?

4. 저자는 "직업적 거룩함"에 관해 씁니다. 하나의 기술이자 형성의 장소로서 일에 접근하는 것은 일에 대해 당신이 생각하는 방식을 어떻게 변화시킬 것 같습니까?

5. 거룩함을 하나의 기술로 보는 이러한 시각은 그리스도인의 삶의 성숙에 대한 당신의 이해에 어떤 영향을 줍니까?

6. 저자는 말합니다. "제삼의 길…정신없이 바쁜 활동도, 일상 세계에서의 도피도 아닌…제삼의 길의 특징은 강요와 불안에서 자유롭다는 것이다. 축도, 즉 하나님의 축복과 사랑에 뿌리를 두고 있기 때문이다. 그러나 또한 이 길은 우리가 보냄을 받은 세상에서의 하나님의 선교를 적극적으로 끌어안는다." 당신은 당신의 직업 인생에서 "제삼의 길"을 발견했다고 느낍니까? 그 이유는 무엇입니까?

7. 당신은 한편으로 불안에 덜 시달리면서도, 다른 한편으로는 세상으로부터 도피하지 않는 길을 찾기 위해 분투하고 있습니까? 만약 그렇다면 어떤 방식으로 찾고 있습니까?

8. "축복받고 보내진" 사람으로서의 정체성이 이 세상에서 당신의 삶과

일을 어떻게 변화시킬 수 있습니까?

실천 제안

1. 매일 아침 하나님이 당신에게 주신 일을 할 수 있게 당신을 보내 달라고 기도하십시오.

2. 일상의 임무가 어떻게 당신을 형성하는지 묵상하십시오. 당신의 일이 회개하고 하나님을 의지하는 것을 통해 당신을 자라게 한 데 대해 일기를 쓰십시오.

3. 당신의 업무에 기도로써 다가가는 법을 가르쳐 달라고, 기도하는 마음으로 하나님을 초대하십시오. 일을 하면서도 여전히 무릎을 꿇는다는 것이 무엇을 의미한다고 생각합니까?

4. 좋아하지 않는 일을 불평 없이 하도록 노력해 보십시오.

5. 때로 건강에 무리가 될 만큼 너무 많은 일을 한다면, 이번 한 주 동안은 업무 시간 이후에 이메일 확인이나 업무를 피하고 대신 쉬면서 시간을 보내십시오.

08 교통 체증 버티기

1. 하루 혹은 당신의 인생 중 기다려야 했던 때는 언제입니까?

2. 당신에게 기다림이란 어떤 것입니까? 기다릴 때 어떤 기분이 듭니까?

3. 저자는 한스 우르스 폰 발타자르가 모든 죄의 뿌리는 성급함이라고 말한 것을 인용합니다. "인내는 기독교의 필수 요소[이다]." 그리스도인의 삶에서 인내의 중심적 역할을 강조하는 이러한 관점에 동의합니까? 혹은 동의하지 않습니까? 그 이유는 무엇입니까?

4. 저자는 친구 잰의 이야기를 들려줍니다. 잰은 기다림 안에 선물이 있다고 말합니다. 기다림의 과정에서 당신은 어떤 선물을 받았습니까? 그 과정에서 당신은 어떻게 성장했습니까?

5. 교회력을 실천한 적이 있습니까? 실천한 적이 있다면, 그러한 실천이 당신과 당신의 시간에 대한 관점 혹은 당신의 일상을 형성하고 모양을 잡아 주는 것을 어떻게 알았습니까?

6. 문화에 저항하는 요소로서 교회력은 어떻게 작용합니까?

7. 교회력을 실천한 적이 있습니까? 그것은 어떤 식으로 당신이 기다리는 것이나 속도를 늦추는 것을 받아들이도록 가르쳤습니까?

8. 기다림과 소망과 경축 사이에 어떤 관계가 있다고 생각합니까? 당신의 삶에서 이 세 가지가 어떤 관계를 이루고 있는 것을 본 적이 있습니까?

9. 저자는 다음과 같이 말합니다. "인내와 더불어 그리스도인의 또 다른 특징은 갈망이다. 우리는 미래의 소망을 지향하면서도 현재라는 실재 앞에서, 현실적이고 압박을 주는 세상의 깨어짐과 고난에서 도망치려

고 하지 않는다." 미래를 지향하는 것이 당신의 일과 삶 그리고 일상 속 관계에 대한 당신의 생각에 어떤 영향을 줍니까?

실천 제안

1. 한 주 동안 어쩔 수 없이 기다려야 할 때 당신의 반응을 살펴보십시오. 당신의 반응을 통해 시간에 대한 당신의 관점이 어떻게 드러나는지 묵상하십시오.

2. 기다림의 순간에, 멈추어 서서 그 순간이 '이미와 아직' 사이에 있는 당신 삶을 어떻게 조명하는지 기도하는 마음으로 묵상해 보십시오. 그러한 경험에 대해 일기를 쓰거나 친구와 나누십시오.

3. 지금이 교회력 중 어느 절기인지 알아보고, 그 절기를 기념하고 경축하는 실천을 찾아보십시오. 교회력에 관해 읽고 배우십시오.

4. 다음에 무언가를 기다릴 때(줄, 약속 혹은 교통 정체), 오락거리를 최대한 자제해 보십시오. 기다리는 동안 스마트폰이나 다른 것에 손대지 말고 그냥 단순히 기다리십시오. 그때 드는 생각과 감정과 주변에 주의를 기울여 보십시오.

09 친구와 통화하기

1. 저자는 그리스도인 공동체에 대해 다음과 같이 묘사합니다. "우리는 서로에게 좋은 소식을 전한다. 그리고 서로에게 좋은 소식이 되어 간다." 당신의 삶에서 이것을 어떻게 경험했습니까?

2. 당신의 교회는 어떤 방식으로든 교독이나 부름과 응답을 실천합니까? 만약 그렇다면 그것은 당신과 회중을 어떻게 형성합니까?

3. 저자는 서구의 복음주의가 어떻게 교회를 가치 절하할 수 있는지에 대해 말합니다. 이런 생각에 동의합니까? 혹은 동의하지 않습니까? 그 이유는 무엇입니까?

4. 장 칼뱅은 "교회를 어머니로 두지 않는 자는 더 이상 하나님을 아버지로 둘 수 없다"는 키프리아누스의 격언을 인용합니다. 이 말에 동의합니까? 혹은 동의하지 않습니까? 그 이유는 무엇입니까?

5. 그리스도인의 우정과 공동체가 다른 종류의 공동체와 어떻게 다르다고 느낍니까?

6. 교회 안의 죄와 깨어짐에 대해 어떻게 대응했습니까?

7. 그리스도는 교회 안에서 그리고 교회를 통해서 어떻게 당신을 만나주셨습니까?

8. 교회 안의 사람들과 관계를 맺는 것이 어렵습니까? 만약 그렇다면 어떤 부분에서 그렇습니까?

9. 저자는 레슬리 뉴비긴의 "우리가 함께 온전함을 이룰 때까지 우리 중 누구도 온전함을 이룰 수 없다"는 말을 인용합니다. 이러한 실재가 당신의 삶과 예배에 어떤 영향을 줍니까?

실천 제안

1. 친구에게 전화를 하거나 집에 찾아가십시오. 함께 기도하고, 하나님이 당신의 삶에서 그(녀)를 어떻게 사용하셨는지 말해 주십시오.

2. 이번 주에 교회에 출석하십시오. 그곳에서 아는 친구들을 만난다면 꼭 인사를 나누십시오. 아직 친구가 없다면 새로운 사람들을 만나도록 노력해 보십시오.

3. 목회자를 아직 개인적으로 만나 보지 않았다면 찾아가십시오. 목회자에게 교회의 비전과 헌신에 대해 그리고 당신이 어떻게 그 교회의 삶에 더욱 깊이 들어갈 수 있을지에 대해 물어보십시오. 지역 교회와 교회 지도자들과 교단과 전 지구의 하나님 백성을 위해 기도하십시오.

4. 고린도전서 12장 12-27절을 읽고 연구하고 묵상하는 데 시간을 할애하십시오.

10 차 마시기

1. 당신은 어떤 방식으로 즐거움, 기쁨, 아름다움, 예술성을 경험합니까?

2. 즐거움, 기쁨, 아름다움, 예술성을 통해 어떻게 하나님의 성품을 보았습니까?

3. 즐거움과 아름다움을 탐닉하는 것이 당신에게는 쉬운 일입니까? 혹은 어려운 일입니까? 그 이유는 무엇입니까?

4. 저자는 즐거움을 받아들이는 데는 **의도성**과 **연습**이 필요하다고 말합니다. 이 말에 동의합니까? 혹은 동의하지 않습니까? 그 이유는 무엇입니까?

5. 당신은 아름다움과 즐거움과 기쁨을 누리기 위한 공간과 시간을 어떻게 의도적으로 만들어 냅니까?

6. 당신은 예배에서 감각적 즐거움이나 아름다움을 어떻게 경험합니까? 그것이 당신과 당신의 교회를 어떻게 형성합니까?

7. '감상의 즐거움'이 '필요의 즐거움'으로 바뀐 적이 있습니까? 그것이 당신과 당신의 예배에 어떤 영향을 주었습니까?

8. 분별과 즐거움을 함께 실천할 수 있는 방법에는 무엇이 있습니까?

9. 감각을 통해 예배드리는 것은 당신의 즐거움이나 아름다움과의 관계에 어떤 영향을 줍니까?

10. 아름다움이 교회의 선교의 일부라는 것에 대해 어떻게 생각합니까?

실천 제안

1. 한 주 동안 사랑스럽고 즐겁고 기쁨을 준다고 생각하는 것을 하기 위해 의도적으로 시간을 내십시오.

2. 즐겁고 아름다운 것을 맛보고 냄새 맡고 바라보십시오. 그러한 아름

다음의 경험과 그것이 어떻게 당신이 지향하는 것에 영향을 주고 당신을 형성하는지 일기를 쓰거나 나누십시오.

3. 교회에서 당신의 감각에 주의를 기울여 보십시오. 무엇을 보고 냄새 맡고 맛보고 듣고 느낍니까? 그것이 어떻게 당신을 예배 혹은 경배 안으로 이끕니까?

11 잠

1. 당신이 밤에 하는 규칙적인 일과는 무엇입니까?

2. 밤의 습관은 당신을 어떤 식으로 형성합니까?

3. 당신이 잠드는 것을 가로막는 것은 무엇입니까? 무엇이 밤에 깨어 있게 합니까?

4. 당신의 수면 패턴이나 어려움 혹은 습관은 당신이 사랑하는 것, 두려움, 헌신, 당신이 신뢰하는 것에 대해 무엇을 드러냅니까?

5. 저자는 이렇게 씁니다. "바로 이것이 우리의 문화가 우리에게 들려주는 메시지다. 한계가 없음. 그 무엇도 당신을 멈추게 하거나 속도를 늦추게 하거나 당신의 자유를 제한하게 해서는 안 된다." 문화와 당신 자신의 한계에 저항하는 모습을 어디에서 발견합니까?

6. 잠자리에 들면서 죽음에 대해 생각해 본 적이 있습니까? 잠이 매일의

작은 메멘토 모리의 기능을 한다는 저자의 주장에 대해 어떻게 생각합니까?

7. 저자는 복음주의의 활동주의와 성취 문화가 어떻게 '쉼이 없는 문화'를 만들어 내는지 논합니다. 저자의 주장에 동의합니까? 혹은 동의하지 않습니까? 그 이유는 무엇입니까?

8. 육체적이고 영적인 쉼은 서로 어떻게 연결되어 있습니까?

9. 하나님은 때로 당신이 깨어 있을 때보다 잠을 자고 있는 동안 당신 안에서 더 많은 일을 하실 수 있다는 것을 믿습니까? 혹은 믿지 않습니까? 그 이유는 무엇입니까?

10. 저자는 말합니다. "쉼이라는 선물은 의례와 일상을 통해 우리에게 온다. 반복을 통해, 습관을 습득함을 통해, 일상의 예전을 통해 값없이 그리고 풍성하게 온다." 이 책을 읽으면서 당신은 이것을 어떻게 보았습니까?

실천 제안

1. 당신의 밤의 예전에 대해 잘 생각해 보십시오. 그것이 당신에게 쉼의 좋은 습관을 가르치고 있는지 확인하십시오. 제시간에 잠자리에 들고 잠을 충분히 주무십시오. 한 주 동안 잘 쉬는 것이 영적이고 육체적으로 당신에게 어떤 영향을 미치는지 묵상하거나 일기를 쓰십시오.

2. 당신으로 하여금 쉬지 못하게 만드는 일들에 대해 가족이나 친구와

나누십시오. 함께 기도하십시오.

3. 매주 쉼의 날을 실천하지 않는다면, 이번 주에 해 보십시오. 그것이 당신에게 어떤 영향을 주고, 시간, 한계, 몸, 하나님에 대한 당신의 관점에 어떻게 영향을 주는지 묵상하십시오.

4. 교회에서, 당신이 하나님과 믿음의 공동체 안으로 들어가 쉬는 방법 혹은 당신이 쉬지 못하는 이유를 살펴보십시오. 그리고 어떤 영적 상태에 이르기 위한 당신의 노력을 잘 살펴보십시오. 하나님을 당신의 예배 안으로 초대하고, 그분 안에서 쉬는 법을 가르쳐 주시기를 구하십시오.

주

01 잠에서 깸

1 Martin Marty, *How I Pray*, ed. Jim Castelli (New York: Ballantine Books, 1994), p. 89를 보라.
2 Dorothy Bass, *Receiving the Day: Christian Practices for Opening the Gift of Time* (San Francisco: Jossey-Bass, 2000), p. 20.
3 Marty, *How I Pray*, p. 89.
4 Dallas Willard, *The Divine Conspiracy: Rediscovering Our Hidden Life in God* (New York: Harper Collins, 1998), pp. 347-348. 이 책을 추천해 준 케니 벤지 (Kenny Benge) 신부님에게 감사드린다. 『하나님의 모략』(복있는 사람).
5 Donald Spoto, *The Art of Alfred Hitchcock: Fifty Years of His Motion Pictures* (New York: Anchor Books, 1992), p. 41. 『히치콕』(동인).
6 Annie Dillard, *The Writing Life* (New York: Harper & Row, 1989), p. 32. 『창조적 글쓰기』(공존).

02 침대 정리

1 *Book of Common Prayer*, p. 137. 『성공회 기도서』는 여기서 시편 51편을 인용한다.
2 James K. A. Smith, *Desiring the Kingdom: Worship, Worldview, and Cultural Formation* (Grand Rapids: Baker, 2009), p. 55. 『하나님 나라를 욕망하라』(IVP).
3 Flannery O'Connor, *The Habit of Being: Letters of Flannery O'Connor*, ed. Sally Fitzgerald (New York: Farrar, Straus and Giroux, 1979), p. 229.
4 Smith, *Desiring the Kingdom*, p. 25.
5 같은 책, p. 63.
6 같은 책, p. 211.
7 같은 책, p. 84.
8 Carolyn Johnson, "People Prefer Electric Shocks to Time Alone with Thoughts", *Boston Globe*, July 3, 2014, www.bostonglobe.com/news/

science/2014/07/03/idle/J2LpEcTdZzLykRCTnZ80fL/story.html.
9 Kathleen Norris, *Quotidian Mysteries: Laundry, Liturgy, and "Women's Work"* (Mahwah, NJ: Paulist Press, 1998), p. 35.

03 이 닦기

1 Macy Nulman, ed., *The Encyclopedia of Jewish Prayer: The Ashkenazic and Sephardic Rites* (Lanham: Rowman and Littlefield, 1996), p. 42.
2 Matthew Lee Anderson, *Earthen Vessels: Why Our Bodies Matter to Our Faith* (Minneapolis: Bethany House, 2011), p. 211.
3 Stanley Hauerwas, *Christian Existence Today: Essays on Church, World, and Living in Between* (Eugene, OR: Wipf & Stock, 1988), p. 106.
4 이 두 문단은 Tish Harrison Warren, "At a Loss for Words: Finding Prayer Through Liturgy, Silence, and Embodiment"에서 가져왔다. *The Well*(블로그), September 20, 2010, http://thewell.intervarsity.org/spiritual-formation/loss-words-finding-prayerthrough-liturgy-silence-and-embodiment.

04 열쇠 분실

1 C. S. Lewis, *Letters to Malcolm: Chiefly on Prayer* (New York: Harcourt, 2002), p. 91. 『개인 기도』(홍성사).
2 Rod Dreher, "Everydayness", *The American Conservative*(블로그), November 12, 2012, www.theamericanconservative.com/dreher/everydayness-wallace-stevens.
3 리치 멀린스는 1997년 7월 텍사스 루프킨에서 열린 콘서트에서 이렇게 말했다. 비디오 화면은 www.youtube.com/watch?v=ZNYtYRbH6aI에서 볼 수 있다.
4 *Book of Common Prayer*, p. 360.
5 같은 책.

05 남은 음식 먹기

1 대부분의 그리스도인은 세례식과 성찬식 혹은 성체성사가 성례전이라는 것에 동의하며, 두 가지 모두 명백하게 예수님이 제정하셨기 때문에 때로 '주께서 제정하신' 성례전이라고 불린다. 또한 로마 가톨릭, 정교회, 일부 개신교

는 사도들의 실천, 창조 질서 혹은 교회 역사에 근거한 다른 교회 예식도 포함시킨다. 예를 들어, 견진성사, 고해성사, 병자성사, 결혼성사, 성품성사가 있다. 일부 그리스도인은 **성례전**(sacrament)이라는 용어를 거부하고 대신 **예식**(ordinance)이라는 단어를 쓴다.

2 N. T. Wright, *Luke for Everyone* (Louisville, KY: Westminster John Knox, 2004), p. 262. 『모든 사람을 위한 누가복음』(IVP).

3 Norman Wirzba, *Food & Faith: A Theology of Eating* (Cambridge: Cambridge University Press, 2011), p. 180.

4 예수님이 제자들에게 이렇게 말씀하시는 부분은 누가복음 10장 8절에 나오며, 이는 프라이어스 마이너(Friars Minor)에게 주는 성 프란체스코의 충고가 되었다. Ivan Gobry, *Saint Francis of Assisi* (San Francisco: Ignatius, 2006), p. 182를 보라.

5 Eugene H. Peterson, *A Long Obedience in the Same Direction: Discipleship in an Instant Society* (Downers Grove, IL: InterVarsity Press, 1980), p. 16. 『한 길 가는 순례자』(IVP).

6 Harry Stout, *The Divine Dramatist: George Whitefield and the Rise of Modern Evangelicalism* (Grand Rapids: Eerdmans, 1991), pp. 64-65.

7 John Wolfe, *The Expansion of Evangelicalism: The Age of Wilberforce, More, Chalmer, and Finney* (Downers Grove, IL: InterVarsity Press, 2007), pp. 116-117. 『복음주의 확장』(CLC).

8 C. S. Lewis, *The Last Battle* (New York: HarperCollins, 1955), pp. 156-170. 『마지막 전투』(시공주니어).

9 *Book of Common Prayer*, p. 365.

10 미국에서 일하는 농장 노동자들은 다른 어떤 직업보다 가족 수입이 낮다. 61퍼샌트의 농장 노동자와 그들의 가족이 가난에 시달린다. Charles Thompson, "Introduction", in *The Human Cost of Food: Farmworkers' Lives, Labor, and Advocacy*, ed. Charles Thompson and Melinda Wiggins (Austin: University of Texas, 2002), p. 12.

11 Ira Jackson, interview in *The Corporation*, special edition. Two Disk Set DVD (Disk Two). Directed by Mark Achbar and Jennifer Abbott (Big Picture Media Corporation, 2004).

12 William Cavanaugh, *Being Consumed: Economics and Christian Desire*

(Grand Rapids: Eerdmans, 2008), p. 95.

06 남편과의 다툼

1 Waterdeep, "I Know the Plans", *Sink or Swim*, ⓒ 1999 by Hey Ruth Records, Compact Disc.
2 C. S. Lewis, *The Screwtape Letters* (New York: HarperCollins, 2001), p. 11. 『스크루테이프의 편지』(홍성사).
3 같은 책, p. 13.
4 Dom Gregory Dix, *The Shape of the Liturgy* (New York: Harper & Row, 1945), p. 107.
5 같은 책, p. 106.
6 같은 책.
7 Anne Lamott, 페이스북 상태 업데이트, 2015년 4월 8일.

07 이메일 확인

1 *Book of Common Prayer*, p. 366.
2 예를 들자면, 리디머 교회의 신앙과 일 센터, 뉴시티 일반 직업 및 공공선 프로젝트, 리젠트 신학교의 일터 신학 전공, 그리고 지난 몇 년간 빈번하게 발간된 다음과 같은 일과 신앙에 관한 복음주의자들의 책이 있다. Amy Sherman, *Kingdom Calling: Vocational Stewardship for the Common Good* (Downers Grove, IL: InterVarsity Press, 2011); Tim Keller (with Katherine Leary Alsdorf), *Every Good Endeavor: Connecting Your Work to God's Work* (New York: Dutton, 2012). 『팀 켈러의 일과 영성』(두란노); and Katelyn Beaty, *A Woman's Place: A Christian Vision for Your Calling in the Office, the Home, and the World* (Brentwood, TN: Howard Books, 2016).
3 Michael Horton, *Ordinary: Sustainable Faith in a Radical, Restless World* (Grand Rapids: Zondervan, 2014), pp. 197-198를 보라. 『오디너리』(지평서원). 소명의 대중적 역할에 대한 종교개혁에서의 요점은 '화이트 호스 인'(White Horse Inn)에서 내가 호튼과 진행한 인터뷰에서 유익하게 논의되었다. 이 인터뷰는 www.whitehorseinn.org/blog/entry/2013-show-archive/2013/09/01/whi-1169-courage-in-the-ordinary에서 들을 수 있다.

4 Keller, *Every Good Endeavor*, pp. 5-6.
5 Andy Crouch, *Playing God: Redeeming the Gift of Power* (Downers Grove, IL: InterVarsity Press, 2014), pp. 79-84를 보라.
6 Steven Garber, *Visions of Vocation* (Downers Grove, IL: InterVarsity Press, 2014), p. 18.
7 Gustaf Wingren, *Luther on Vocation*, trans. Carl C. Rasmussen (Eugene, OR: Wipf and Stock, 1957), p. 9, *Luther's Works* (St. Louis: Concordia; Philadelphia: Fortress, 1955-1986; 2009-), 6:10에서 재인용. 선뜻 자료 정보를 찾아 준 고든 아이작(Gordon Isaac) 박사와 토드 하인스(Todd Hains)에게 깊이 감사드린다.
8 Eugene Peterson, *Under the Unpredictable Plant: An Exploration in Vocational Holiness* (Grand Rapids: Eerdmans, 1992). 『목회자의 소명』(포이에마).
9 Garber, *Visions of Vocation*, p. 189.
10 Arcard Fire, "Sprawl II (Mountains Beyond Mountains)", *The Suburbs*, ⓒ 2010 Merge Records.
11 Keller, *Every Good Endeavor*, p. 67.
12 Robert Banks and R. Paul Stevens, *The Complete Book of Everyday Christianity* (Downers Grove, IL: InterVarsity Press, 1997), p. 1128.
13 B. B. Warfield, "The Religious Life of Theological Students", B. B. Warfield: The Life, Thought, and Works of Benjamin Breckinridge Warfield (1851-1921), accessed October 27, 2015, http://bbwarfield.com/works/sermons-and-addresses/the-religious-life-of-theological-students/.
14 같은 글.
15 같은 글.
16 Brother Lawrence, *The Practice of the Presence of God* (Grand Rapids: Spire Books, 1967), p. 30. 『하나님의 임재 연습』.
17 *Book of Common Prayer*, p. 366.

08 교통 체증 버티기

1 Jonathan Swift, *Gulliver's Travels* (New York: E. P. Dutton, 1912), p. 26. 『걸리버 여행기』.

2 Hans Urs von Balthasar, *A Theology of History* (San Francisco: Ignatius, 1994), pp. 36-37.
3 이 부분의 일부는 Tish Harrison Warren, "How the Liturgical Calendar Keeps Me Sane"에 처음 실렸다. *The Well*(블로그), November 27, 2013, http://the well.intervarsity.org/blog/how-liturgical-calendar-keeps-me-sane.
4 Dorothy Bass, *Receiving the Day: Christian Practices for Opening the Gift of Time* (San Francisco: Jossey-Bass, 2000), p. 3.
5 *Book of Common Prayer*, pp. 501, 281.
6 James K. A. Smith, *Desiring the Kingdom: Worship, Worldview, and Cultural Formation* (Grand Rapids: Baker, 2009), p. 200.
7 이 부분은 Tish Harrison Warren, "Waiting: Ache and the Gift in Between"에 처음 실렸다. *The Well*(블로그), July 31, 2013, http://thewell.intervarsity.org/blog/waiting.
8 Robert Louis Wilken, *The Spirit of Early Christian Thought: Seeking the Face of God* (New Haven: Yale University Press, 2005), p. 284. 『초기 기독교 사상의 정신』(복있는사람).
9 Smith, *Desiring the Kingdom*, p. 158.

09 친구와 동화하기

1 Madeleine L'Engle, *A Circle of Quiet* (New York: Farrar, Strauss and Giroux, 1972), p. 26.
2 이는 2015년 10월 2일, 캐넌 메리 헤이스 목사님과 주고받은 이메일에서 인용했다. 목사님의 통찰력과 지혜에, 또한 이것과 다른 많은 것들에 대해 깊이 감사드린다.
3 Cyprian, *On the Unity of the Church* 6, *Ante-Nicene Fathers* vol. 5, ed. Alexander Roberts and James Donaldson (Peabody, MA: Hendrickson Publishers, 1994), p. 423; Calvin, *Institutes of the Christian Religion* 4.1.1. 또한 Tish Harrison Warren, "The Church Is Your Mom", *Her.meneutics*(블로그), May 21, 2015, www.christianitytoday.com/women/2015/may/church-is-your-mom.html을 보라.
4 전에 우리의 사제였던 토머스 매켄지(Thomas McKenzie)는 이것을 그의 책 *The Anglican Way: A Guidebook* (Nashville: Colony Catherine, 2014), p.

202에서 나눈다.
5 Donald Miller, "Why I Don't Go to Church Very Often, a Follow Up Blog", Storyline(블로그), accessed October 27, 2015, http://storylineblog.com/2014/02/05/why-i-dont-go-to-church-very-often-a-follow-up-blog.
6 Michael Ramsey, Glory Descending: Michael Ramsey and His Writings, ed. Douglas Dales et al. (Grand Rapids: Eerdmans, 2005), p. 102.
7 Flannery O'Connor, The Habit of Being: Letters of Flannery O'Conor, ed. Sally Fitzgerald (New York: Farrar, Straus and Giroux, 1979), p. 90.
8 Ramsey, Glory Descending, p. 100.
9 Lesslie Newbigin, The Household of God: Lectures on the Nature of the Church (Eugene, OR: Wipf & Stock, 2008), p. 147. 『교회란 무엇인가?』(IVP).

10 차 마시기

1 C. S. Lewis, The Screwtape Letters (New York: HarperCollins, 2001), P. 64.
2 같은 책, p. 66.
3 H. L. Mencken, A Mencken Chrestomathy: His Own Selection of His Choicest Writing (New York: Alfred A. Knopf, 1949), p. 624.
4 Ben Witherington III, Work: A Kingdom Perspective on Labor (Grand Rapids: Eerdmans, 2011), p. 111. 『평일의 예배: 노동』(넥서스).
5 Francis Bremer, Puritanism: A Very Short Introduction (New York: Oxford University Press, 2009), pp. 57-58.
6 같은 책, pp. 52-53.
7 G. K. Chesterton, Orthodoxy (New York: John Lane Co., 1909), p. 109. 『정통』(아바서원).
8 이 장을 쓰는 동안 비서구권의 예배 음악 형태 및 교회 역사 전체에 걸친 음악의 교리 교육적 역할에 대해 나와 대화를 나누어 준 모니카 잉걸스(Monique Ingalls)에게 감사드린다.
9 James K. A. Smith, Desiring the Kingdom: Worship, Worldview, and Cultural Formation (Grand Rapids: Baker, 2009), p. 25.
10 C. S. Lewis, Letters to Malcolm: Chiefly on Prayer (New York: Harcourt, 2002), p. 88.
11 같은 책, pp. 89-90.

12 같은 책.
13 Annie Dillard 외, "The Meaning of Life, The Big Picture", *Life Magazine*, December 1988, www.maryellenmark.com/text/magazines/life/905W-000-037.html. 나에게 이 글을 언급해 준 것에 대해 마르샤 보셔(Marcia Bosscher)에게 감사드린다.
14 이 이야기는 Tish Harrison Warren, "Giving Up and Taking Up: What We Do (and Don't Do) When We Keep Lent", *The Well*(블로그), February 12, 2013, http://thewell.intervarsity.org/spiritual-formation/giving-and-taking-what-we-do-and-dont-do-when-we-keep-lent에도 나온다.
15 Walter Wangerin, *The Book of Sorrows* (Grand Rapids: Zondervan, 1985), pp. 303-304.
16 Carolyn Arends, "Worship con Queso", *Christianity Today*, August 29, 2013, www.christianitytoday.com/ct/2013/september/worship-con-queso.html.
17 같은 글.
18 Neil Postman, *Amusing Ourselves to Death: Public Discourse in the Age of Show Business* (New York: Penguin, 1985). 『죽도록 즐기기』(굿인포메이션).
19 Lewis, *Letters to Malcolm*, p. 91.
20 도스토옙스키는 『백치』(*the Idiot*)의 주인공 미시킨 공작의 입을 빌려 이것을 말한다. Fyodor Dostoevsky, *The Idiot*, trans. Frederick Wishaw (London: Vizetelly & Co., 1887), p. 257. 『백치』.
21 Czesław Miłosz, "One More Day", in *The Collected Poems, 1931-1987* (New York: Ecco Press, 1998), p. 407.

11 잠

1 "Why a Regular Bedtime Is Important for Children", *Morning Edition*, KUT Austin Public Radio, December 16, 2013, http://www.npr.org/2013/12/16/251462015/why-a-regular-bedtime-is-important-for-children.
2 *Book of Common Prayer*, p. 134.
3 같은 책.
4 Center for Disease Control and Prevention, "Insufficient Sleep Is a

Public Health Problem", September 3, 2015, www.cdc.gov/features/dssleep. Debra Goldschmidt, "The Great American Sleep Recession", CNN, February 18, 2015, www.cnn.com/2015/02/18/health/great-sleep-recession.

5 Wendell Berry, *Life Is a Miracle: An Essay Against Modern Superstition* (Berkeley: Counterpoint, 2001), p. 55. 『삶은 기적이다』(녹색평론사).
6 *Book of Common Prayer*, p. 134.
7 Rod Dreher, "Harmony, Communion, Incarnation", *The American Conservative*(블로그), June 23, 2015, www.theamericanconservative.com/dreher/harmony-communion-incarnation-laudato-si-pope-francis/.
8 "Fear of Sleep", *This American Life*, WBEZ Chicago Public Radio, August 8, 2008, www.thisamericanlife.org/radio-archives/episode/361/fear-of-sleep.
9 Saint Benedict, *The Rule of Saint Benedict*, trans. Bruce Venarde (Cambridge: Harvard University Press, 2011), p. 35.
10 *Book of Common Prayer*, p. 265.
11 Michael Horton, "Ordinary: The New Radical?", *Key Life*(블로그), October 23, 2014, www.keylife.org/articles/ordinary-the-new-radical-michael-horton에서 인용.
12 David Bebbington, *Evangelicalism in Modern Britain: A History from the 1730s to the 1980s* (Grand Rapids: Baker, 1989), p. 11. 『영국의 복음주의: 1730-1980』(한들).
13 Mark Galli, *Beyond Smells and Bells: The Wonder and Power of Christian Liturgy* (Brewster, MA: Paraclete Press, 2008), p. 80.
14 Eugene Peterson, *Working the Angles: The Shape of Pastoral Integrity* (Grand Rapids: Eerdmans, 1987), p. 68. 『유진 피터슨의 균형 있는 목회자』(좋은씨앗).
15 Dorothy Bass, *Receiving the Day: Christian Practices for Opening the Gift of Time* (San Francisco: Jossey-Bass, 2000), p. 18.
16 John Baillie, "The Theology of Sleep", in *Christian Devotion: Addresses by John Baillie* (Oxford: Oxford University Press, 1962), p. 103.
17 같은 책.

18 이 문단과 그다음 두 부분은 Tish Harrison Warren, "Spiritual Direction: Get More Sleep", *The Well*(블로그), October 29, 2013, http://thewell. intervarsity.org/blog/spiritual-direction-get-more-sleep에서 가져왔다.

옮긴이 백지윤은 이화여대 의류직물학과를 졸업하고, 서울대 미술대학원에서 미술이론을, 캐나다 리젠트 칼리지에서 기독교 문화학을 공부했다. 현재 캐나다 밴쿠버에 살면서, 다차원적이고 통합적인 하나님 나라 이해, 종말론적 긴장, 창조와 재창조, 인간의 의미 그리고 이 모든 주제에 대해 문화와 예술이 갖는 관계 등에 관심을 가지고 번역 일을 하고 있다. 옮긴 책으로 『행복』 『손에 잡히는 바울』 『알라』 『모든 사람을 위한 신약의 기도』(이상 IVP) 등이 있다.

오늘이라는 예배

초판 발행 2019년 5월 13일
초판 15쇄 2025년 5월 30일

지은이 티시 해리슨 워런
옮긴이 백지윤
펴낸이 정모세

편집 이성민 이혜영 심혜인 설요한 박예찬
디자인 한현아 서린나 | 마케팅 오인표 | 영업·제작 정성운 이은주 조수영
경영지원 이혜선 이은희 | 물류 박세율 정용탁 김대훈

펴낸곳 한국기독학생회출판부 | 등록번호 제2001-000198호(1978.6.1)
주소 04031 서울시 마포구 동교로 156-10
대표 전화 (02) 337-2257 | 팩스 (02) 337-2258
영업 전화 (02) 338-2282 | 팩스 080-915-1515
홈페이지 http://www.ivp.co.kr | 이메일 ivp@ivp.co.kr
ISBN 978-89-328-1614-2

ⓒ 한국기독학생회출판부 2019

책값은 뒤표지에 있습니다.
무단 전재와 복제를 금합니다.